DIE ALPINE FLUG RETTUNG

Robert Sperl

DIE ALPINE FLUG—RETTUNG

Leben retten
am Berg – damals
wie heute

BERG
WELTEN

Inhalt

PROLOG

Diese Helfer schickt der Himmel

Am 16. März 2022, gegen 10:20 Uhr, fuhr ein amerikanischer Staatsangehöriger (73) mit Alpinskiern im Skigebiet Ischgl von der »Höllbodenbahn Bergstation« in Richtung der »Flimjochbahn Talstation« (blaue Piste Nr. 2). Im Bereich des dortigen Liftgebäudes fuhr er zwischen Liftgebäude und einem Hubschrauberhangar auf das Dach der dort befindlichen Garage der Pistenmaschinen. Der Skifahrer stürzte in weiterer Folge über das Garagendach rund sechs Meter in die Tiefe und blieb schwer verletzt im Schnee liegen.

Da sich eine Notärztin und die Pistenrettung in unmittelbarer Nähe zum Unfallort befanden, konnte der Mann sofort ärztlich behandelt und anschließend vom Notarzthubschrauber in das Krankenhaus Zams geflogen werden.

Aus: meinbezirk.at, 17. März 2022

Jetzt wird alles gut: Der Flugretter schwebt ein am langen Seil.

Jedes Mal, wenn im Himmel ein Helikopter heranbrummt, schießt es durch den Kopf: So schnell kann es gehen. Gerade noch genießt man an der frischen Gebirgsluft Anstrengung und Aussicht, und schon ist ein Malheur passiert.

Jeden kann es treffen, den untrainierten Büroarbeiter, den ambitionierten Freizeitsportler, den talentierten Profi. Denn: Unsere Freizeitgesellschaft hat für alle einen alpinen Spielplatz parat. Simples Wandern ist dabei längst aus der Mode gekommen, es ist jetzt Bouldern, Kraxeln im Klettergarten und hochalpines Bergsteigen. Oder Mountainbiken entlang schmaler Trails, Gleitschirmfliegen, Canyoning, Berglaufen und im Winter neben Skifahren und Snowboarden noch Skitourengehen und Skibergsteigen.

Im Wohnzimmer, am Arbeitsplatz und im Stadtpark geht Ungeschicklichkeit fast immer einigermaßen glimpflich aus, auch wenn sie schlecht ausgeht. Oberhalb der Baumgrenze enden Fehltritte häufig fatal. Und dann schwebt hoffentlich der rote, weiße, blaue, gelbe Notarzthubschrauber ein, und man erlebt voller Dankbarkeit am eigenen schmerzenden Körper, welcher Segen die alpine Flugrettung ist.

In Europa fokussiert diese Form medizinischer Erstversorgung im Wesentlichen auf die geografische Mitte, auf die Schweiz, Österreich, Südtirol, den Westen Frankreichs, den äußersten Süden Deutschlands. Sie ist spektakulär, doch zahlenmäßig macht sie in Unfallstatistiken gerade ein Zehntel aller geflogenen Einsätze aus. Ist die alpine Flugrettung deswegen irrelevant oder gar ein Luxus? Sie ist es nicht, das zeigt ein Blick in die Geschichte.

Vor 70, 80 Jahren gab es in der Schweiz und in Österreich bereits erste Versuche, verunglückte Alpinisten aus der Luft zu bergen. Stets waren es beharrliche Visionäre, die trotz mancher Widrigkeiten und oft mit Todesverachtung erste Rettungsketten aufzogen. Ein spektakulärer Unglücksfall, der den Mut und den Einfallsreichtum der Helfer herausforderte, war die Initialzündung für mehr: Die Bergung der Passagiere einer US-amerikanischen Militärmaschine, die am 19. November 1946 auf dem Gauligletscher in den Berner Alpen notlanden musste, gilt als die erste alpine Flugrettung der Welt.

Das komplexe Zusammenspiel von Technologie, Medizin und Logistik ist im gewaltigen Getriebe der öffentlichen Gesundheitsversorgung bloß ein Rädchen. Doch steht die alpine Flugrettung stellvertretend für das Faktum, dass etwas nur dann funktioniert, wenn alle Zahnräder perfekt ineinandergreifen. Die alpine Flugrettung war damit die Keimzelle für die allgemeine Flugrettung. Sie ist im Straßenverkehr, bei Arbeitsunfällen und bei Notfällen im Haushalt nicht mehr wegzudenken, überall dort, wo Schnelligkeit zählt und übliche, bodengebundene Rettungskräfte oft an ihre Grenzen stoßen.

Die alpine Flugrettung ist damit auch die Keimzelle für Entwicklungen, die wir erst erleben werden. Wenn komplexe Flugrettungsnetze die Auslastung von Krankenhäusern verbessern. Wenn neue Hubschraubertypen Nacht und Nebel nebensächlich machen und damit eine hundertprozentige Erfolgsgarantie geben können. Wenn Drohnen mit Notärzten an Bord als Vorauskommando an Unfallorte gelangen und wertvolle Minuten gewinnen für den nachrückenden Krankenwagen.

Die folgenden Kapitel wollen einen Einblick in das Thema alpine Flugrettung geben – und einige Antworten auf oft gestellte Fragen. Wie hat sich diese Rettungskette genau entwickelt? Welche Menschen sind beteiligt? Wie werden sie ausgebildet? Was empfinden sie bei ihrer Arbeit? Welche Technologie macht dieses System sicher?

Sie, liebe Leserin, lieber Leser, sollten aber auch erkennen: Gute finanzielle Ausstattung und ausgeklügelte Infrastruktur sind zweifelsohne wichtige Bestandteile der luftigen Rettungskette. Doch sind es die Frauen und Männer dahinter, die entscheidende Handgriffe setzen und damit Leben retten.

2

SCHICKSAL

Der Sturz ins Leben

Der Ex-Skirennläufer Hans Grugger über seinen Fehltritt auf der Streif in Kitzbühel, wie zwei Rettungshubschrauber ihn wieder ins Leben zurückflogen und welche Rolle die Dankbarkeit spielt.

Wenn mich wer fragt, ob ich weiß, was vor elf Jahren, am 20. Jänner 2011, auf der Kitzbüheler Streif genau passiert ist, dem sage ich: Erinnern kann ich mich an gar nix. Mein Gedächtnis setzt bereits etwa zwei Monate vor diesem Tag aus.

Die ersten Sachen, von denen ich was weiß, sind am Ende meiner Tage in der Intensivstation in Innsbruck passiert, fünf Wochen nach meinem Unfall mit einem schweren Schädel-Hirn-Trauma. Aber ich

Ex-Skirennläufer
Hans Grugger

Der Unfall

20. Jänner 2011: Hans Grugger ist auf der Streif schwer gestürzt. Die Helfer kämpfen um sein Leben.

traue mich nicht zu sagen, ob das von mir gekommen ist oder ob es Erzählungen von anderen sind, die ich nachher eingebaut habe.

In meinem Leben gibt's ein Loch von ungefähr dreieinhalb Monaten. Diese Zeit habe ich aber nie vermisst, weil ich sie gut dokumentiert gekriegt hab von Ingrid, meiner Frau. Es war eine Zeit, die ich im Prinzip verschlafen hab.

Die Erinnerung setzt wieder ein im Landeskrankenhaus Hochzirl, mit den ersten Momenten im Reha-Zentrum, wohin ich nach fünf Wochen Intensivstation verlegt worden bin. Der erste Gedanke, der sich eingebrannt hat, handelt von einem Freitag. Samstag, Sonntag waren therapiefrei, und an diesem Tag vor dem freien Wochenende ist Marlene zu mir gekommen, meine Physiotherapeutin. Sie hat mich gefragt, wie's ausschaut mit selber aufstehen und gehen. Ich habe in meiner unter Medikamenten zustande gekommenen Euphorie gesagt, kein Problem, und Marlene hat geantwortet, ich soll's ihr zeigen. Also habe ich mich im Bett aufgesetzt, wollte aufstehen und im nächsten Moment bin ich auf sie draufgefallen. Marlene war eine ganz Liebe, aber auch eine ganz Zierliche. Trotzdem hat sie mich auffangen können. Wahrscheinlich hat sie geahnt, dass ich es nicht schaffen werde.

An diesem Freitag habe ich das erste Mal ansatzweise mitgekriegt, was passiert ist mit mir. Das war ein großer Schock.

Den fatalen Moment in Kitzbühel habe ich langsam über Gespräche mit Ingrid und meinen Skikollegen mitbekommen. Ich habe nachgefragt, weil's mich interessiert hat, wie's passiert ist, wie der Ablauf war, wie knapp es für mich war und wie super die gesamte Rettungskette funktioniert hat.

Die Kitzbüheler Streif war 2011 relativ normal, bloß die Sprünge sind recht weit gegangen. Es war nur ein Trainingslauf angesetzt runter vom Hahnenkamm. Ich bin bis dahin in der Saison für mein Gefühl nicht gut Ski gefahren, was ich mir nicht erklären konnte, denn im Sommertraining hat alles gepasst. Ingrid hat mir hingegen erzählt, dass ich voll gut drauf war und bloß meine Form nicht im Rennen zeigen konnte.

Es waren immer ein paar blöde Sachen dabei. Auf meiner Lieblingsstrecke, in Beaver Creek in den USA, hatte ich einige Wochen vor Kitz Bestzeit im zweiten Abfahrtstraining, dann ist das Rennen abgesagt worden. In Gröden musste ich mit Startnummer 45 fahren, weil ich durch ein Missverständnis die Startnummernvergabe verpasst hatte. Da war es schon putzfinster. In Wengen war ich super unterwegs und hab die Zielkurve verhaut.

Nach Wengen kam Kitzbühel: Ist nur ein Trainingslauf möglich, schaut man, dass es gleich lauft. Die erste Schlüsselstelle nach dem Start ist die Mausefalle, die braucht eine kleine Kurve vor der Absprungkante. Du brauchst ein bisschen Richtung, damit du gerade über den Sprung kommst. Mein Problem war: Ich bin mit dieser Kurve nicht rechtzeitig fertig geworden, dadurch hatte ich noch Druck auf der Kante und es hat mich in der Luft ungefähr um 90 Grad verdreht.

Der Sprung ist 40, 50 Meter weit gegangen: Ich bin zuerst seitlich noch auf den Skiern gelandet und die haben sofort gegriffen. Dadurch hat es mich mit voller Wucht mit dem Kopf aufs Eis katapultiert. Man ist in diesem Moment etwa 100, 110 km/h schnell.

Ungefähr ein halbes Jahr nach meinem Unfall habe ich mich mit dem kompletten Christophorus-Team getroffen. Ich habe nach meiner Genesung einen nach dem anderen besucht, auch den Flugretter und Notfallsanitäter Andreas Steger. Der war auch an Bord des ÖAMTC-Notarzthelikopters, der nur für das Hahnenkammrennen und die Trainingsläufe im Streif-Zielgelände abgestellt ist.

Er hat mir das so erzählt: Nach meinem Sturz wurde die Crew des Notarzthubschraubers per Funk von meinem Unfall verständigt, worauf der Notarzt und der Flugretter an einem Tau hängend zur Kompression der Mausefalle geflogen wurden.

Hans Grugger

Johann Grugger (Jahrgang 1981) ist ein ehemaliger österreichischer Skirennläufer. 2001 wurde er Juniorenvizeweltmeister im Riesenslalom; von 2003 bis 2011 startete er im Skiweltcup (vier Rennsiege; je zwei Abfahrten und Super-G). Grugger beendete seine Karriere nach einem Sturz im Training für die Abfahrt in Kitzbühel (20. Jänner 2011). Der gelernte Koch und Hotelkaufmann absolvierte nach der erfolgreichen Rehabilitation eine Universitätsausbildung zum AHS-Lehrer für Geografie und Sport. Grugger ist mit der ehemaligen Skirennläuferin Ingrid Rumpfhuber verheiratet, hat zwei Kinder und lebt mit seiner Familie in Bad Ischl.

Vor Ort waren dann drei Ärzte gleichzeitig: der für das Rennen abgestellte Rennarzt Dr. Hans-Peter Tschallener, der Arzt des Österreichischen Skiverbandes Dr. Herbert Resch und der Notarzt des ÖAMTC-Hubschraubers Dr. Georg Hofer. Das war mein Glück!

Was noch war, haben mir die Flugretter und die Ärzte auch erzählt: Es gibt bei ihnen Einsätze, wo einfach alles z'sammlauft und reibungslos funktioniert. Der 20. Jänner 2011 war scheinbar so ein Tag, jeder Handgriff hat gepasst.

Landeskrankenhaus Hochzirl

Die Neurologie Hochzirl unweit von Innsbruck wird oft als »Wunderklinik« bezeichnet. In der hochspezialisierten Reha-Einrichtung lernen Patienten nach schweren Schädel-Hirn-Traumata unter anderem wieder gehen.

An meiner Rettung waren zwei Christophorus-Crews beteiligt. Der Hubschrauber, der mich mittels Tau von der Streif hinunter nach Kitzbühel geflogen hat, wobei ich intubiert und beatmet wurde, und der Hubschrauber, der mich dann in die Klinik nach Innsbruck geflogen hat. Das wird so gemacht, weil immer ein Heli an der Strecke sein muss.

In meinem Gesicht war die Nase gebrochen, dazu zwei Rippen und zwei Dornfortsätze in der Halswirbelsäule. Dazu kam ein Problem mit der rechten Halsschlagader: Sie war an der Gefäßwand verletzt, mit einer Einblutung in die Gefäßwand. Das nennt man Dissektion. Dadurch kommt es zu einer deutlichen Einengung des Gefäßdurchmessers. Dadurch besteht die Gefahr einer Minderdurchblutung des Gehirns.

Das Schlimmste war meine Kopfverletzung. Der Druck im Inneren des Schädels, verursacht durch eine ausgedehnte Blutung zwischen Gehirnoberfläche und harter Hirnhaut über die gesamte linke Gehirnhälfte, war so hoch, dass ein Teil der Schädeldecke abgenommen werden musste. Da der knöcherne Schädel einen »geschlossenen Raum« bildet, hat das Gehirn keine Möglichkeit, auszuweichen und anzuschwellen, und kann dadurch massiv geschädigt werden.

Ich bin in Innsbruck von Dr. Ilse Laimer operiert worden, mit der ich mich später auch getroffen habe. Sie hat mir erzählt, dass sie mir die Schädeldecke entfernt hat, dabei die harte Hirnhaut geöffnet und die Blutung entleert hat. In so einem Fall ist eine rasche operative Entlastung entscheidend, um eine dauerhafte Schädigung des Hirns zu vermeiden. Doch vom Sturz weg ist alles perfekt gelaufen.

Die Schädeldecke blieb offen, bis ich nach Hochzirl gekommen bin, fünf Wochen lang. Ich konnte nicht gehen, konnte mich nicht konzentrieren und hatte eine ganz schlechte Merkfähigkeit. Ich war nicht belastbar und habe mehr oder weniger nur geschlafen, mindestens 15 Stunden am Tag. In meiner rechten Körperhälfte hatte ich ähnliche Symptome wie nach einem Schlaganfall. Es ist aber schnell besser geworden. In Innsbruck konnte ich meine Hand nicht bewegen, in Hochzirl ging es schon wieder in Zeitlupe.

Hochzirl war am Anfang fordernd, fast war es Überforderung. Es war wie ein schwieriges Training: Ergotherapie, Physiotherapie, zwei Therapien vormittags, zwei nachmittags, dazwischen habe ich nur geschlafen. Doch die Reha lief ab wie im Zeitraffer, es ist alles irrsinnig schnell gegangen und es gab ganz wenige Rückschritte, haben mir die Ärzte gesagt.

Dabei haben meine athletische Ausgangsposition und mein Ehrgeiz geholfen. Ich habe auch die Therapiegeräte, auf die sie mich gestellt haben, aus meinem sportlichen Alltag gekannt. Sie haben zwar nicht genauso ausgesehen, aber so ähnlich.

In Hochzirl sind Konzentration und Aufmerksamkeit schnell besser geworden. Psychisch war ich aber extrem angeschlagen, weil ich mitkriegt habe, dass es hier Patienten gibt, die ähnliche Verletzungen gehabt haben wie ich und bei denen sich die Therapeuten nach drei, vier Wochen Therapie gefreut haben, wenn sie statt nur den Zeigefinger noch den Mittelfinger dazu bewegen konnten.

Da hat sich für mich die große Frage gestellt: Warum geht es mir schon so gut und dem neben mir nicht? Die Frage kam immer wieder und die konnte mir keiner beantworten. Mit der Zeit habe ich für mich eine Antwort gefunden: Die Rettungskette mit Erstversorgung, Transport und OP hat bei mir perfekt funktioniert, und dafür werde ich mein Leben lang dankbar sein. Ich hatte einfach ein Riesenglück! Seither sind diese Gedanken nicht mehr so belastend wie anfangs, allerdings kommen sie immer wieder, vor allem dann, wenn ich Menschen treffe, die nicht so viel Glück hatten wie ich.

Therapie

Als Ergänzung zu klassischer Physio- und Ergotherapie werden im Training von Computern gesteuerte Roboter eingesetzt.

In Hochzirl habe ich wahrnehmbar große Schritte gemacht und schon bald ein gewisses Leistungslevel erreicht. Je höher das Level, desto kleiner werden aber die Fortschritte und desto weniger fallen sie dir auch auf: Wieder daheim, damals noch in Gastein, war das ein harter Weg durch die Therapie. Der hat mir viel Geduld abverlangt. Es gab aber immer wieder Momente, die mich psychisch aufgerichtet haben. Als ich zum Beispiel nach einigen Monaten wieder allein mit dem Radl fahren durfte, im Frühling, da war jede Blume schöner als die andere.

Was alle durch die Bank gesagt haben, die mich begleitet haben, Flugretter, Ärzte, Pfleger, Therapeuten, einfach alle, die involviert waren: Ich war ein Fall, der ihnen jahrelang Motivation für ihre tägliche Arbeit gab, weil es leider so wenig ähnliche Fälle wie mich gibt. Zuerst schaut's so schlecht aus und dann, wie ein Wunder, geht alles so gut aus. Aus diesen Beispielen schöpft man viel Hoffnung, weil's eben meistens nicht so ist.

Erste Gedanken, dass ich den Menschen hinter dieser Rettungskette unglaublich dankbar bin, kamen bald. Schon im Krankenhaus wollte ich sie sehen. Ich habe mir ihre Adressen besorgt und alle aus den ÖAMTC-Crews zu Hause besucht, mit ihnen geredet und meine Geschichte nachgefragt. Das waren coole Momente, wenn man den Personen gegenübersteht, die einen aus so einer Situation gerettet haben.

Verdrängung

Spitzensportler sind nicht gefühlskalt, doch wenn es um Höchstleistung geht, werden Gedanken an mögliche negative Folgen ausgeklammert.

Wichtig für mich war immer: Ich will und wollte meine Dankbarkeit zeigen. Das kriegen diese Menschen nicht so häufig, deshalb waren die Treffen umso herzlicher und schön für mich und für sie. Letztes Jahr war mein Sturz zehn Jahre her, da hab ich wieder alle durchgerufen.

Vor Kitzbühel bin ich einmal in den »Genuss« eines Rettungsflugs gekommen, nach einem Sturz bei einem FIS-Rennen wurde ich von Saalbach nach Zell am See geflogen, mit einer Halsverletzung. Als Skirennfahrer hat man über Flugrettung aber nicht wirklich gesprochen. Natürlich kriegt man mit, wenn sie nicht klappt, wie 2008 bei meinem Mannschaftskollegen Matthias Lanzinger in Kvitfjell. Ihm musste nach einem Sturz ein Unterschenkel amputiert werden.

Es wurde immer gesagt, wäre die Rettungskette besser gelaufen, wäre der Sturz zum Beispiel in Kitzbühel passiert, hätte er sein Bein vielleicht noch. Man ist ja bei jeder Verletzung eines Kollegen voller Mitgefühl, aber dann ist es mehr oder weniger wieder erledigt. Das klingt hart, ist aber Selbstschutz. Jedoch bei sowas wie von Matthias hat man schon arg zu kämpfen und es beschäftigt einen lange.

Bei mir zu Hause in Bad Ischl ist das Krankenhaus nur eineinhalb Kilometer von unserem Haus entfernt. Deshalb fliegt der Rettungshubschrauber regelmäßig vorbei, wenn er von der Steiermark oder vom Ausseer Land kommt. Was ich mir denke, wenn ich einen Heli höre?

Hoffentlich ist es ned schlimm!

Nach der Erstversorgung auf der Piste wird Hans Grugger zuerst ins Tal nach Kitzbühel und dann weiter in die Klinik nach Innsbruck geflogen.

EINST UND JETZT

Aller Anfang ist beschwerlich

Die allgemeine Flugrettung ist aus unserem Gesundheitssystem nicht mehr wegzudenken. Sie entwickelte sich aus der alpinen Variante: Die Bergung von Verletzten durch Helikopter zeigt im Gebirge am klarsten, wie wichtig Erstversorgung und unverzüglicher Transport ins Krankenhaus sind. Schnelligkeit bedeutet immer höhere Überlebenschancen. Ein Blick auf die Entwicklung der letzten 100 Jahre.

1913 Die Basis der alpinen Flugrettung ist wohl dieser Geniestreich: Der Schweizer Oskar Bider **überfliegt mit einer Blériot XI** als Erster die Alpen in beide Richtungen.

Bergeeinsatz 1997: Ein Helikopter AS 350 Écureuil der Österreichischen Flugpolizei unterstützt bei einem Flugunfall auf der Roten Furke/Silvretta.

1919 Am 17. August wollen die Schweizer Robert Ackermann und Arnold Isler mit ihrem Häfeli DH-3-Doppeldecker auf dem **Jungfraujoch** landen. In 3400 Meter Seehöhe ist eine 200-Meter-Landebahn präpariert. Die Maschine verliert jedoch in der dünnen Gletscherluft zu sehr an Leistung, es folgt eine Bruchlandung. Ackermann repariert den kaputtgegangenen Propeller und fliegt am 19. August nach Hause.

1913: Oskar Bider überfliegt mit einer Blériot XI die Alpen in beide Richtungen.

1921 **Die erste gelungene Gletscherlandung** gelingt François Durafour am 30. Juli am Dôme du Goûter (4304 m) im Montblanc-Gebiet. Mit seinem Caudron G.3-Doppeldecker hebt der Schweizer hinterher auch wieder erfolgreich ab.

1929 In der der Schweiz überlegt man, Flugzeuge im alpinen Rettungsdienst einzusetzen. Unter Mitarbeit des eidgenössischen Militärdepartements werden in der Folge **alpine Rettungsübungen** durchgeführt.

1938 »Nicht der Patient muss zum Arzt kommen, sondern der Arzt zum Patienten.« So fordert der deutsche Chirurg **Martin Kirschner** notärztliche Behandlung am Unfallort. Der Satz wurde zum Credo des Flugrettungswesens, obwohl er sich auf fahrbare Hilfe bezog.

1942 Ein Unfallopfer wird während des Zweiten Weltkrieges vom Ötztaler Gletscher in Tirol durch die deutsche Luftwaffe geborgen. Das Flugzeug, ein **Fieseler Fi 156 Storch,** braucht zum Starten und Landen nur 50 bzw. 20 Meter.

1946 **Der Beginn der alpinen Flugrettung** wird mit der Notlandung einer US-Militärmaschine auf dem Schweizer Gauligletscher am 19. November und der darauffolgenden Bergung der Passagiere verbunden. Am 18. November startet ein Transportflugzeug vom Typ Douglas C-53 vom österreichischen Fliegerhorst Langenlebarn. Die Passagiere sind hochrangige Offiziere der US-Streitkräfte, einige Familienangehörige und Zivilpersonen. Den Zielort Pisa will Chefpilot Ralph H. Tate via München – wo ein Übernachtungsstop eingelegt wird –, Dijon, Lyon und Marseille erreichen. Die Route führt um die Schweiz herum, weil das neutrale Land Militärmaschinen das Überfliegen seines Territoriums verbietet.

1952: Die Schweizer Rettungsflugwacht fliegt mit einem Hiller-Helikopter den ersten Rettungseinsatz.

Der Flug ab München steht unter keinem guten Stern: Wegen eines Defekts an der Enteisungsanlage muss man einmal umkehren. Als Tate wieder abhebt, vertraut er im Schlechtwetter seinen Instrumenten und wählt im Blindflug offenbar bewusst eine Abkürzung über die Schweiz. Dabei verirrt er sich immer tiefer im Schweizer Luftraum. In der Nähe des Wetterhorns in den Berner Alpen schlägt die Douglas C-53 auf dem Gauligletscher auf, in 3330 Meter Seehöhe und um exakt 14:08 Uhr. Die Schneedecke mildert den Aufprall, der Rumpf bleibt trotz etwa 280 km/h Aufprallgeschwindigkeit ganz. Es gibt keine Toten, nur einen Schwerverletzten.

Das Verschwinden des Flugzeugs vom Radar sorgt wegen der Prominenz der zwölf Passagiere für Aufregung. Das US-Militär setzt Suchflugzeuge in Marsch – vergebens: Das Wrack liegt in einer Region, wo man es nicht vermutet. Hilfseinheiten, die von Italien anrücken, erweisen sich aufgrund mangelnder Gebirgsroutine als nutzlos. Als die Maschine am 22. November endlich entdeckt wird, werden Hilfspakete abgeworfen, von denen die meisten in Gletscherspalten landen, unerreichbar für die Adressaten. Die Überlebenden bitten schließlich mit einem in den Schnee gekratzten Schriftzug flehentlich darum, die Abwürfe einzustellen: Sie fürchten um ihr Leben. Erst die Schweizer Bergrettung schafft Tage später die Rettung der Passagiere, vor allem dank zweier Piloten der Schweizer Luftwaffe. Hauptmann Victor Hug und Major Pista Hitz starten mit ihren Flugzeugen vom Typ Fieseler Storch vom Militärflugplatz Meiringen-Unterbach und landen auf 2850 Meter Seehöhe in der Nähe des Wracks. In neun Flügen bringen sie am 24. November die Opfer in Sicherheit. 1947 reicht Hauptmann Hug offiziell einen »Antrag auf Realisierung einer Flieger-Einsatzstelle für den alpinen Rettungsdienst« ein. Er verweist auf die Infrastruktur der Schweizer Flugwaffe, die zu dieser Zeit als einzige über die erforderliche Infrastruktur verfügt. Die zivilen schweizerischen Bergrettungsorgane erkennen die möglichen Chancen nicht. Einzige Ausnahme sind die Schweizer Elektrizitäts- und Bauunternehmen: Sie wollen so auf dem Luftweg die medizinische Versorgung ihres Personals auf Baustellen im Hochgebirge sicherstellen.

1950 Am 23. Februar 1950 landet der **Schweizer Hotelier und Sportflieger Fredy Wissel** aus St. Moritz mit seinem Flugzeug im Skigebiet Corviglia, 2500 Meter über dem Meer. 1951 beginnen er und sein Landsmann Hermann Geiger, ein Pilot aus dem Wallis und Pionier des Rettungsflugs, systematisch mit der Erprobung von Skiflugzeugen und Landetechniken. Wissel unternimmt für die Schweizerische Rettungflugwacht mehrere Hundert Rettungsflüge.

PIONIERE

Hermann Geiger (1914–1966)
Der Schweizer ist ein Pionier des Gletscherfliegens und ein ausgezeichneter Rettungsflieger – mit Flächenflugzeug und Helikopter. Seine Landetechnik auf verschneiten Hängen habe er sich von den Dohlen abgeschaut, wie er sagt. Der Mitbegründer der Schweizerischen Rettungsflugwacht verunglückte tödlich – nicht im Einsatz, sondern während einer simplen Platzrunde.

1952 Am 27. April gründet der Schweizer Arzt und Politiker Rudolf Bucher bei der Jahresversammlung der Schweizerischen Lebensrettungsgesellschaft SLRG – einer Wasserrettungsorganisation – die **Schweizerische Rettungsflugwacht SRFW,** später Rega. Mit dabei: Hermann Geiger. Erste Spezialisten der SRFW werden von der Royal Air Force in England ausgebildet. Kann die SRFW nicht mit dem Flugzeug oder später mit dem Helikopter landen, springen Fallschirmhelfer zu den Verletzten ab.
Am 22. Dezember fliegt Sepp Bauer in Davos mit einem Hiller 360 den **ersten Helikopterrettungseinsatz** für die SRFW – eine Premiere in Europa.

Ca. 1955: Rettungsversuche mit einem ausgedienten Ballonkorb

1954 Im Jänner werden bei einer Lawinenkatastrophe in Vorarlberg mehrere Dörfer verschüttet und zerstört. Die SRFW kommt unaufgefordert mit 14 Mann, sechs Lawinenhundeteams, zwei Helikoptern und einer DC-3 mit fünf Rettungsfallschirmspringern – zwei davon Ärzte – ins Katastrophengebiet.
Am 15. April verirrt sich eine Schülergruppe aus Heilbronn (D) im Schlechtwetter bei einer Wanderung auf den Krippenstein bei Obertraun/Österreich. Am Ende sterben drei Lehrer und zehn Schüler. 500 Bergrettungsmänner, Alpingendarmen und Bergführer suchen vergebens nach Überlebenden, nach sechs Wochen wird der letzte Tote geborgen. Bei der Suche werden auch vier Bell-47-Helikopter der US Army eingesetzt. Sie erweisen sich als nutzlos: Obwohl die Bell 1950 als erster Hubschrauber die Alpen überquert hat, ist sie bei Schlechtwetter völlig unzulänglich.
Als Summe dieser Erfahrungen wird im Dezember im österreichischen Bundesministerium für Inneres BMI die **Abteilung Flugpolizei** gegründet. Das BMI bittet die Besatzungsmächte um Erlaubnis, für Piloten aus Trainingsgründen Segelflugkurse in Aigen/Ennstal abhalten zu dürfen, Motorflugzeuge sind Österreich rechtlich noch verboten. Innenminister Oskar Helmer schickt je drei Polizisten und Gendarmen heimlich zur Pilotenausbildung zu Hermann Geiger in die Schweiz.

1955 Im April sichert der Alliierte Rat Österreich zu, dass die Exekutive Luftfahrzeuge für Hilfeleistungen einsetzen darf. Die Zustimmung gilt für fünf Hubschrauber und fünf Leichtflugzeuge. Österreich chartert Schweizer Flugzeuge vom Typ Piper PA-18: Am

5. Mai erfolgt auf der **Übergossenen Alm am Hochkönig** die erste Gletscherlandung.

1956 **Erster Rettungseinsatz des österreichischen BMI:** Am 14. März stürzt eine deutsche Touristin beim Skifahren in Tirol und verletzt sich schwer. Sie wird nach Kühtai gebracht, das auf 2000 Meter Seehöhe liegt. Wegen der Schneemassen ist eine Überstellung ins Krankenhaus auf der Straße unmöglich. Gendarmerieinspektor Erhard Landl fliegt die Verletzte mit einer einmotorigen Piper PA-18 Super Cub aus, die für Schneelandungen Kufen besitzt. In Österreich werden 1956 die ersten BMI-Flugeinsatzstellen in Innsbruck und Salzburg in Betrieb genommen; es folgen 1957 Wien/Meidling, 1959 Klagenfurt, 1966 Graz, 1968 Hohenems und 1975 Linz. Anfangs werden Motorflugzeuge verwendet, in den 60er-Jahren wird auf Hubschrauber umgerüstet.

Zum Jahreswechsel **1956/1957 scheitert die Bergung zweier Bergsteiger am Montblanc,** nicht nur durch technische Probleme (ein Armeehelikopter stürzt ab), sondern auch durch Missverständnisse zwischen französischen Luft- und Bodenbergegruppen. Die Bergsteiger sterben, doch die internationale Flugrettungsgemeinschaft zieht daraus wichtige Schlüsse in Sachen Einsatzplanung.

1957: Helikopter Bell 47J der Schweizerischen Rettungsflugwacht

1957 Im Februar schenkt der Verband Schweizerischer Konsumvereine der SRFW einen amerikanischen Helikopter vom Typ **Bell 47J**. Dieser wird Hermann Geiger für Rettungseinsätze im Wallis zur Verfügung gestellt.

Bereits seit Ende 1954/Frühjahr 1955 gibt es im französischen Innenministerium die erste Zivilschutz-Hubschraubergruppe (inkludiert ist die Bergrettung). Offiziell wird diese Groupe Hélicoptère (GH) am 19. Juni 1957. Sie wird dem Service National de Protection Civile angegliedert. Mit im Team der Rettungspionier **Frédéric Curie.**

1959 Die französische **Sécurité Civile** fliegt den ersten Helikopterhilfseinsatz. Ein Bergsteiger, der in der Vallot-Hütte am Montblanc eine Herzattacke erleidet, wird aus 4362 Meter Seehöhe geborgen.

1965 Medizinische Notfallhilfe ist in Frankreich Aufgabe der öffentlichen Hand. Seit 1965 existieren an Krankenhäuser angeschlossene **mobile Not- und Wiederbelebungsdienste** (SMUR). Braucht es für die Rettung Hubschrauber, kommen diese von öffentlichen Institutionen, vom **Service d'Aide Médicale Urgente** (SAMU) und privaten Anbietern.

1966 Die Kosten der Helikopterrettungen übersteigen das Budget der Schweizerischen Rettungsflugwacht. Die öffentliche Hand lehnt eine Unterstützung ab, also wendet sich die SRFW direkt an die Öffentlichkeit: Gegen eine Spende von 20 Franken wird in Notfällen Gratishilfe aus der Luft garantiert. Dieses **System der Gönnerschaft** besteht im Prinzip noch heute und wird in ähnlicher Form europaweit angeboten.

1967 Die Zahl der Verkehrstoten steigt in Westdeutschland besorgniserregend. Das Kirschner-Konzept von 1938 wird wiederentdeckt: Der Notarzt kommt zum Patienten, nicht umgekehrt. In diesem Jahr startet der deutsche Autofahrerclub **ADAC einen Probelauf** mit angemieteten Hubschraubern.

1968 Im Schweizer Zermatt wird das Rettungsfluguntemehmen **Air Zermatt** gegründet, das sich als Pionier etabliert: 1970 wird ein Alouette-III-Helikopter gekauft, der erste im Land mit einer Rettungswinde. Ab 1973 beschäftigt die Air Zermatt als erstes Schweizer Rettungsunternehmen fest angestellte Ärzte und Anästhesiepfleger. In Deutschland führt das Rote Kreuz sechswöchige Pilotversuche für Flugrettungen per Helikopter durch. Die medizinische Leitung hat Dr. Rudolf Frey (Universität Mainz), der auch bei der Entwicklung von Notarztwagen mitwirkte.

1969 Im Juli wird von Ute und Siegfried Steiger in Winnenden bei Stuttgart die deutsche **Björn Steiger Stiftung** gegründet, die eine verbesserte Ersthilfe bei Unfällen forciert. Benannt ist sie nach dem Sohn der Gründer, der nach einem Verkehrsunfall wegen fehlender schneller Hilfe stirbt. Die Stiftung unterstützt bald intensiv die Flugrettungsaktivitäten.

1970 Der deutsche Arzt und Direktor des Kreiskrankenhauses München-Perlach, **Hans Burghart,** installiert von Juni bis Oktober vom Krankenhaus Harlaching aus einen Rettungsdienst per Heli-

PIONIERE

Frédéric Curie (1906–1956)
Der Lehrer, Widerstandskämpfer und erste Direktor des Nationalen Ausbildungszentrums für Brandschutz ist ein Pionier der Helikopterflugrettung. Mit Generalin Valérie André (Ärztin und erste Hubschrauberpilotin in Frankreich) gehört er zu den Gründungsmitgliedern der Liga für Luftrettung und Rettungswesen.

1970: Der erste Rettungshelikopter der ADAC Luftrettung, ein MBB Bo 105

kopter. Burgharts Partner sind das Bayerische Rote Kreuz, der Deutsche Touring Automobil Club München und die Bundeswehr. Letztere stellt an einigen Wochenenden eine Maschine zur Verfügung. Inoffiziell werden an 47 Einsatztagen rund 110 Rettungseinsätze geflogen.
Parallel arbeiten das Luftfahrtunternehmen MBB (Messerschmitt-Bölkow-Blohm) und der ADAC am neuen **Rettungshelikopter Bo 105**. Als Christoph 1 wird der ab 1. November als erster permanenter ziviler Rettungshubschrauber in München-Harlaching stationiert: die Geburtsstunde der deutschen Luftrettung.

1971 An der Universitätsklinik Innsbruck startet auf Initiative des Gefäßchirurgen **Dr. Gerhard Flora** ein ehrenamtlicher bergrettungsärztlicher Flugbereitschaftsdienst. Dr. Floras Ideal: Zu jedem schweren Unfall soll auch ein Bergrettungsarzt gerufen werden. Mit der Tyrolian Airways wird die notärztliche Versorgung von Verletzten im Gebirge auf ein neues Niveau gehoben. Bis etwa 1980 funktioniert das System gut, aber mit Einschränkungen. So dürfen etwa keine medizinischen Geräte mitgeführt werden (z. B. ein EKG) und auch kein Flaschensauerstoff.
Im August wird in Stuttgart die Deutsche Rettungsflugwacht German Air-Rescue e. V. (DRF) gegründet.
Am 12. September gelingt in der Schweiz die erste Rettung von Kletterern aus der Eiger-Nordwand per Hubschrauber: Pilot Günther

PIONIERE

Gerhard Flora (1930–2015)
Der Tiroler Gefäßchirurg war als Bergretter stets mit Unfällen im Gebirge befasst. 1971 baute Dr. Flora an der Universitätsklinik Innsbruck einen ehrenamtlichen bergrettungsärztlichen Flugbereitschaftsdienst auf. Seine Beharrlichkeit war der Anstoß, dass der ÖAMTC ab 1983 in die Flugrettung per Helikopter einstieg.

Amann (Air Zermatt) fliegt zwei deutsche Bergsteiger aus. Sie waren nach einem Wettersturz drei Tage in der Wand gefangen. Amann verwendet einen Helikopter vom Typ SA-315 Lama und eine Seilwinde mit 25-Meter-Seil. Die Möglichkeit eines solchen Manövers zeigten Amann und Pilotenkollege Siegfried Stangler bereits 1970 bei einem Helikoptersymposium.

1972 Im März gelingt die weltweit **erste Seilbahnbergung.** In Mürren werden 72 Personen aus einer 240 Meter über Grund festsitzenden Gondel der Schilthornbahn evakuiert. Ein filmreifes Ereignis am passenden Ort: Auf dem Schilthorn waren 1968/69 Szenen des James-Bond-Films *Im Geheimdienst Ihrer Majestät* gedreht worden.
Die Air Zermatt demonstriert beim 2. Internationalen Helikoptersymposium auf der Kleinen Scheidegg die erste Longline-Rettung. Seillänge beim Einsatz in der Eiger-Westflanke: 65 Meter. In der Folge wird die Technologie durch statische (anstatt elastischer) Seile, Doppelhaken und Seilverlängerungen (bis 220 Meter) verfeinert.

1988: Gondelbergung mit einer SA-315B Lama der österreichischen HeliAir

1973 Ab 19. März stationiert die Deutsche Rettungsflugwacht DRF im ersten privaten Luftrettungszentrum Stuttgart einen Rettungshelikopter, eine Alouette III.
Der ADAC richtet die erste **Fachtagung** zum Thema Luftrettung aus.

1974 In Österreich entwickeln Innsbrucker Flug- und Bergretter **die Bergeseilmethode**. Sie wird eingesetzt, wenn eine Landung am Unglücksort unmöglich ist: Flugrettungsarzt und Flugretter seilen sich zum Verunglückten ab; gemeinsam mit ihnen wird der Patient am Tau hängend zu einem Zwischenlandeplatz geflogen, dort im Notarzthelikopter verladen und in das Krankenhaus gebracht.

1977 Der österreichische Autofahrerklub ÖAMTC und die **Ärzteflugambulanz** installieren während des Osterwochenendes ein Pilotprojekt für Helikopterrettung.

1978 Die österreichische Allgemeine Unfallversicherungsanstalt AUVA will in Salzburg mit dem Roten Kreuz den **Modellversuch** einer fliegenden Rettungseinrichtung starten. Trotz erfolgter gesetzlicher Beschlüsse und Entschlüsse verschiebt sich der Start auf den 22. September 1983.

1979 **Secours Aérien Français (SAF),** der größte private Helikopterbetreiber Frankreichs, startet erste Rettungseinsätze in den französischen Alpen.

1983 Die Tiroler Ärzte Dr. Gerhard Flora, Dr. Walter Phleps sowie ÖAMTC-Generalsekretär Martin Petrowsky und ÖAMTC-Informationschef Kurt Noe-Nordberg beschließen, einen **gemeinsamen Rettungsdienst** zu starten. Der ÖAMTC denkt an Hilfe bei Verkehrsunfällen, Dr. Flora und sein Team an Alpinunfälle. Die Tyrolian Air Ambulance (TAA) übernimmt die Organisation, der ÖAMTC die Betriebskosten, gestartet wird am 1. Juli mit dem Notarzthelikopter Christophorus 1 in Innsbruck. Die Notärzte kommen aus einer Gruppe von Dr. Flora, die Flugretter von Rotem Kreuz und Bergrettung, die Piloten stellt die TAA. Ab 1. September fliegt ab Gneixendorf/Krems ein zweiter Notarzthelikopter, Christophorus 2.

Die 1977 vom Helikoptervisionär **Jean Capoulade** in Paris gegründete Firma Hélicap steigt als erste in Frankreich mit einem zivilen Hubschrauber in die medizinische Notversorgung ein.

1985 Auch in Südtirol beschleunigen tragische Ereignisse die Einführung der Flugrettung. Zum einen der Bergunfall von Siegfried Messner, einem der jüngeren Brüder von Reinhold Messner.

1974: Österreichische Flugretter entwickeln die Bergeseilmethode.

Siegfried wird am 16. Juli in den Dolomiten am Seil hängend von einem Blitz getroffen. Er kann erst nach Längerem von Armeeangehörigen geborgen und in das Krankenhaus nach Bozen gebracht werden. Später wird er nach Innsbruck verlegt, wo er seinen schweren Schädelverletzungen erliegt.
Wenige Monate später, im schneereichen Winter 1985/86, erreicht den Landesrettungsverein Weißes Kreuz ein Hilferuf aus Sulden im westlichen Südtirol. Starker Schneefall hat das Gebiet von der Außenwelt abgeschnitten. Ein privater Rettungseinsatz mit einem Helikopter vom Typ **SA-315 Lama** wird organisiert. Pilot Paul Frei und Notarzt Günther Mitterhofer fliegen los. Zuerst werden Lebensmittel im Ort Trafoi abgesetzt, dann holt der Hubschrauber zwei verletzte Personen von der Furkelhütte ab und bringt sie ins Krankenhaus Schlanders. Dieses Ereignis gilt als Geburtsstunde der organisierten Flugrettung in Südtirol.

1985: Der Tod des Südtiroler Bergsteigers Siegfried Messner (links), eines Bruders von Reinhold Messner, forciert den Ausbau der Flugrettung in Südtirol.

Wie wertvoll Helikopter in der alpinen Rettungskette sind, zeigt die Geschichte von Kenneth T. Cichowicz. Der US-Amerikaner wird nach einem Bergunfall auf dem österreichischen **Dachsteingletscher** vermisst, ehe ihn zufällig ein Helikopter des Bundesheers aus der Luft entdeckt und rettet. Cichowicz überlebte 20 Tage mit einem gebrochenen Arm und einem gebrochenen Bein in einem winzigen Zelt.

1986 Das Südiroler Weiße Kreuz installiert an seinem Sitz in Bozen eine Alouette III als ersten Rettungshelikopter, Rufname **Pelikan.** Die einmotorige Maschine ist mit einer pneumatischen Seilwinde (Seillänge 30 Meter, maximales Tragegewicht 175 kg) ausgestattet, alternativ zur Seilwinde wird ein Rettungskorb mit Fixtau eingesetzt.

1987 Die österreichische Flugrettung arbeitet von 13 Stationen aus: **Innerhalb von 20 Minuten** ist jedes Ziel im Land erreichbar. Sieben Stationen werden vom Innenministerium BMI, fünf von der ÖAMTC-Flugrettung und einer vom Bundesministerium für Landesverteidigung BMLV betreut.

In Südtirol schafft ein Landesgesetz rückwirkend die **rechtliche Basis** für eine umfassende Flugrettung.

Die Rega bestückt als weltweit erste zivile Luftrettungsorganisation alle Helikopter mit **Nachtsichtgeräten.** 35 Jahre später fliegt sie jeden vierten Einsatz in der Nacht.

1990 Laufend kommen Anbieter in den Markt: Um die Bergrettung in Südtirol aus der Luft zu unterstützen, wird am 17. Juli die **Union Aiut Alpin Dolomites AAD** gegründet. In Frankreich ist die **Mont Blanc Hélicoptères MBH** ab 1990 in den Skigebieten Portes du Soleil und Grand Massif tätig.

1994 Der Helikopter **Eurocopter EC 135** (heute Airbus Helicopters H135) hat seinen Erstflug. Die leichte Mehrzweckmaschine mit zwei Turbinen ist noch immer der beliebteste Rettungshelikopter weltweit: Rund jedes zweite der 1400 gebauten Exemplare (Stand 2021) fliegt im Luftrettungseinsatz.

1994: Mit dem EC 135 (heute H135) wird der aktuell weltweit beliebteste Rettungshelikopter in Dienst gestellt.

2000 In Wien formiert sich der Europäische Verband der Rettungsflieger **EHAC** (European HEMS & Air Ambulance Committee). Gründungsmitglieder sind ADAC, Rega und der Christophorus Flugrettungsverein des ÖAMTC.

2001 Der Staat Österreich zieht sich aus der Flugrettung zurück und übergibt seine Standorte an den Christophorus Flugrettungsverein CFV des ÖAMTC. Die Funkrufnamen werden denen der bestehenden Flotte des ÖAMTC (Christophorus) angeglichen. Aufgrund **steigender Einsatzzahlen in den Wintermonaten** gründet der CFV mit dem Vorarlberger Unternehmen Wucher Helicopter das Heli Ambulance Team (HAT), das bis 2016 besteht. Diese Alpinhubschrauber sind in der Nähe großer Skigebiete stationiert, um die Ganzjahresstandorte zu entlasten.

2005 Der Franzose Didier Delsalle landet am 14. und 15. Mai mit einem Eurocopter AS350 auf dem 8848 Meter hohen **Mount Everest**. Während der Vorbereitungsphase hilft Delsalle der nepalesischen Regierung bei Rettungseinsätzen.

2008 Baubeginn für die ADAC HEMS Academy St. Augustin bei Bonn als weltweit erste Ausbildungs- und Trainingsstätte für Hubschrauberpiloten, Notärzte und Rettungsassistenten. Verfügbar sind inzwischen auch drei **Flugsimulatoren**.

2010: Der spektakuläre Höheneinsatz der Schweizer Helikopterbesatzung Aufdenblatten/Lehner auf der Annapurna

2011 Der **Heroism Award,** die höchste Auszeichnung in der zivilen Luftfahrt, geht an Daniel Aufdenblatten. Der Schweizer pilotiert im April 2010 im Annapurna-Gebiet (Nepal) seinen AS350 B3-Helikopter von 4200 auf 7000 Meter Seehöhe und birgt gemeinsam mit Flugretter Richard Lehner drei schwerverletzte Alpinisten.

2015 Die Great North Air Ambulance Service im Norden Englands startet das **Projekt Blood on Board**. Eine Kühlbox hält Blutkonserven vom Universalspendertyp 0 neg. sowie Blutplasma 48 Stunden lang frisch. Ab 2017 können auch Notärzte der Air Zermatt

– als erste Heli-Luftretter im Alpenraum – Schwerstverletzten mit hohem Blutverlust schon während des Transportes Spenderblut transfundieren.

2016 Im April wird auf dem Schweizer Flugplatz in Bressaucourt (Jura) die letzte von sechs Rega-eigenen Wetterstationen in Betrieb genommen. Die Stationen verfügen etwa über einen **Wolkenhöhenmesser und Sensoren**, die Niederschlagsart und Sichtweite bestimmen. Die Stationen sind Teil eines landesweiten Netzes von Messstationen und Webcams, die Rega-Piloten laufend aktuelle Flugwetterdaten liefern. Das ist eine Voraussetzung, um nach Instrumentenflugverfahren zu fliegen: Ab 1. Dezember sind die Hauptrouten Nord-Süd (über den Gotthardpass) und Ost-West (St. Gallen–Lausanne) des Low Flight Network für den Einsatz zugelassen.

2016 Englisch ist nicht nur die **Fachsprache der Flugrettung**, es beschreibt auch perfekt die Taktik der Retter. Innerhalb der *golden hour* ist der Patient nach seinem Unfall idealerweise im Spital. *Scoop and run* bezeichnet schnelles Bergen und raschen Abtransport, *treat and run* die Versorgung während des Flugs und *stay and play* eine Versorgung am Einsatzort, die so lange dauert, bis der Patient abtransportiert werden kann.

2020: Reiser-Hubschraubersimulator für die DRF Luftrettung

2019 Am 21. November freut sich die Rega über ihre **3,5-millionste Gönnerin.**

2020 Immer mehr Rettungsflugunternehmen setzen auf eine eigene **Simulatortrainings-Infrastruktur.** Lufthansa Aviation Training betreibt in Frankfurt einen Hubschraubersimulator, den die DRF für Pilotenaus- und -weiterbildung verwendet. Die französische SAF hat in ihrer Trainingsakademie in Tournon zwei Simulatoren.

2022 Der Europäische Verband der Rettungsflieger EHAC hat inzwischen 87 Mitglieder. Sie treffen sich im Mehrjahresrhythmus beim **AIRMED-Kongress,** um technische Entwicklungen und Behandlungsstrategien wissenschaftlich zu diskutieren. Kongressort ist 2022 Salzburg.

4

INTERVIEW

»Das Um und Auf im Gebirge ist die Erfahrung.«

Über die hohe Schule des Fliegens in den Bergen, das Orgelspiel im Cockpit und die ewige Freude am natürlichen Horizont. Im Gespräch mit Siegfried Schwarz, Ex-Flugretter und RB-Pilot.

Einem Hubschrauber nähert man sich immer respektvoll, aber auch mit den staunenden Augen eines Kindes. Er ist ja bereits optisch ein verrücktes Ding: Insektenhaft von der Ferne, wird er mit jedem Schritt, den man näherkommt, zum überdimen-

Siegfried Schwarz ist einer der profiliertesten Helikopterpiloten weltweit.

sionalen Spielzeug, das irgendwie halb fertig aussieht, frisch aus dem technischen Baukasten. Beim Losfliegen knurrt und schwirrt es, trotz Helm und Kopfhörer, und nun zieht der Pilot an seinen Hebeln, die Instrumente zittern, das Schwirren ändert die Tonlage, wird beinahe bösartig. Dann überwindet die Maschine einfach die Schwerkraft, schwebt nach oben, ohne Ruck. Selbst Menschen, für die Physik nicht fremd ist, finden es erstaunlich, dass sich dieses Ding in der Luft halten kann. Es kommt noch besser: Das Ding kann auch libellenhaft tanzen, bewegt sich ansatzlos in alle Richtungen. Gut, dass man fest angeschnallt ist und Siegfried Schwarz rechts am Pilotensitz hat, einen ausgewiesenen Experten, der jetzt mit einem in den Himmel knattert. Allerdings war Schwarz in seiner Schulzeit weder in Physik noch in Mathematik besonders gut, wie er erzählt.

Wie sind Sie zum Fliegen gekommen?

SIEGFRIED SCHWARZ: Ich wollte schon als kleiner Bub Pilot werden, Hubschrauber war ein Zufall. 1975 rückte ich zum Bundesheer ein und war dann Flugzeugtechniker auf der Saab 105, einem Düsenflugzeug. Doch damals war das so: Wenn man sich eine gewisse Zeit dienstverpflichtet hat, konnte man einen Teil für seine Ausbildung verwenden. Ich wollte eigentlich den professionellen Flächenschein machen. Ein Unteroffizier aus Zeltweg hat das mitgekriegt und hat mich angerufen und gesagt: Mach doch mit mir Hubschrauber.

Wie passend: 1978 eröffnete in Kapfenberg die erste zivile Hubschrauber-Flugschule …

Ich war im ersten Kurs, die Ausbildung wurde vom Bundesheer bezahlt, und der Kurs war eine ziemliche Katastrophe. Die Lehrer waren alle ehemalige Bundesheerpiloten und hatten relativ wenig Ahnung von der zivilen Luftfahrt. Auch der Prüfer hatte null Erfahrung, ein alter Ministerialrat mit dickem Pelzmantel. Wir sind ein bisserl im Kreis geflogen und dann ist er ausgestiegen. Die Notverfahren – und im speziellen die Autorotationslandungen, die das Wichtigste sind und wobei jetzt immer ein Prüfer drinsitzt – haben wir allein machen müssen. Die Prüfungskommission ist am Boden gestanden.

Ich wollte eigentlich den professionellen Flächenschein machen. Ein Unteroffizier aus Zeltweg hat mich angerufen und gesagt: Mach doch mit mir Hubschrauber.

Wann kam der erst Flug?

Am 7. Jänner 1978 mit Heinz Kolowrat, einem berühmten Hubschrauberpiloten, anlässlich der Eröffnung der Flugschule. Ich bin hinter ihm gesessen. Ich hatte damals schon einen Flächenschein und 50 Flugstunden. Kolowrat ist damals zu einem Baum hingeflogen, was für einen Flächenpilot undenkbar war, nur einige Handbreit weg ist er dort geschwebt. Das war irrsinnig beeindruckend.

Hilft es bei der Ausbildung, wenn man die Fläche beherrscht?

Ein bisschen, etwa bei der Navigation, und im reinen Flug hast du ein Gefühl für die Fluglage, aber im Schwebeflug und bei den Notflugverfahren hilft's gar nix.

Was brauchen gute Helikopterpiloten?

Die Feinmotorik ist das Wichtigste. Ich hatte lange eine Flugschule in Graz und hab gesehen, dass Modellflieger ein irrsinnig gutes Gefühl dafür haben.

Für einen Helikopterpiloten ist Feinmotorik das Wichtigste. Ich hatte lange eine Flugschule in Graz und hab gesehen, dass Modellflieger ein irrsinnig gutes Gefühl dafür haben.

Bitte lehren Sie uns fliegen, im Schnelldurchlauf.

Bei einem modernen Hubschrauber gibt's drei Steuereinrichtungen. Den Steuerknüppel, Cyclic genannt, der wird mit der rechten Hand bedient. Mit dem fliegst du vor und zurück, nach links und rechts. Dann den Collective, der wird mit der linken Hand bedient. Mit dem erhöhst oder reduzierst du den Auftrieb und man kann damit schneller oder langsamer fliegen, steigen oder sinken. Und dann gibt es zwei Pedale, die den Heckrotor beeinflussen. Verändert der Pilot die Einstellung an einem der drei Steuer, muss er auch an den anderen beiden etwas verstellen. Bei älteren Hubschraubern gab es noch einen manuellen Gasdrehgriff, den musstest du als viertes Element bedienen.

Der Laie denkt, Hubschrauberfliegen ist was für die rechte Hand, dabei ist es wie Orgelspielen ... Haben Sie das als Flächenflieger schnell durchschaut?

Das hat schon länger gedauert. Während meiner Ausbildung hatten wir relativ wenig Flugzeit. Damals lautete das Gesetz so: Hast du einen Flächenschein, wird dir die halbe Flugzeit angerechnet. Für die Ausbildung brauchtest du 40 Stunden, wir waren mit 20 Stunden prüfungsreif, mehr schlecht als recht. Jetzt braucht es für die PPL(H), die Privatpilotenlizenz Helikopter, 45 Flugstunden. Flächenzeit wird nicht mehr angerechnet.

Der Hubschrauber ist in der Luft und auch Schwarz in seinem Element: Er erklärt, dass die Rotordrehzahl im Flug immer gleich ist. Dass inzwischen der Computer mithilft: Haben die Rotorblätter mehr Luftwiderstand, weil der Pilot bei einem Flugmanöver ihren Anstellwinkel verändert, steigert sich automatisch die Motorleistung. Und Schwarz serviert auch Feinheiten, etwa zum Bodeneffekt: Bis zu drei Meter über dem Boden kann der Luftpolster unter dem Heli – einfach gesprochen – nicht problemlos ausweichen. Damit braucht es weniger Leistung, um zu schweben.

Sind Helikopter gutmütig?

Eher nicht. Mein alter Fluglehrer Helmut Hugl hat immer gesagt: Der Hubschrauber lauert ständig mit dem Hackl, das er dir ins Kreuz hauen möchte. Es gibt auf Facebook ein Pilots Network, das vermeldet pro Tag zwei, drei Abstürze weltweit.

Was fasziniert Sie am Helikopter?

Wie man so schön sagt: die Freiheit in allen Dimensionen. Du kannst auch rückwärts fliegen, was ein Flächenflugzeug überhaupt nicht kann, kannst überall landen, wo mehr oder weniger das Gelände passt, brauchst wenig Platz, und was dazu kommt, ist die tolle Sicht: Das ganze Cockpit ist ja verglast.

Ist Hubschrauberfliegen irgendwann so einfach wie Radfahren?

Ja.

Können Sie schon freihändig fahren?

Ja … Stick zwischen die Knie. Die größeren und moderneren Hubschrauber haben bereits einen Autopiloten. Da kann man die Hand schon vom Steuerknüppel nehmen. Im Prinzip kannst du auch nach hinten gehen und der Hubschrauber fliegt allein weiter.

Wenn es um das feine Manövrieren geht …

… hilft der Autopilot nix. Er unterstützt dich allerdings auf verschiedenen Levels: Wenn du loslässt, bleibt alles so, wie es ist. Und dann kannst du dem Autopiloten sagen, er soll ein Navigationsziel anfliegen, soll die Höhe halten, soll steigen oder sinken.

Wiegt das System bisweilen in trügerischer Sicherheit?

Freilich, Nebel ist zum Beispiel ein Riesenproblem, sobald du als Pilot die Sichtreferenz verlierst. Wenn du im Reiseflug bist und einen künstlichen Horizont im Cockpit hast, kannst du das ausgleichen. Aber sobald sich die Geschwindigkeit extrem verringert, etwa im Landeanflug, stimmen die Instrumente nicht mehr. Da muss man was sehen, sonst kannst du den Hubschrauber nicht in der Luft halten. Dein Körper meldet dir dann komplett falsche Signale. Vom Gleichgewichtssinn her kann es sein, dass du das Gefühl hast, du fliegst eine Linkskurve und hältst dagegen, dabei bist du schon in einer Rechtskurve.

> **Was am Helikopter fasziniert? Wie man so schön sagt: die Freiheit in allen Dimensionen.**

Ab welchem Tempo wird das kritisch?

Unter zehn Knoten, im letzten Teil des Anflugs also. Wenn du da nichts siehst, ist es eine Katastrophe.

Das müsste doch lösbar sein – Modellflughubschrauber können das ja auch …

Sicher kommt das, vielleicht gibt es das auch schon beim Militär … aber noch ist es ein ähnliches Phänomen wie bei Whiteout oder Brownout. Das entsteht, wenn die Hubschrauber beim Landen in der Wüste in eine selbst aufgewirbelte Sandwolke geraten – oder beim Landen auf Schnee in eine Schneewolke.

Auch hier verliert man die Bodensicht?

Und das Gefühl, wo du bist. Das ist mir auch schon passiert: Es ist alles weiß, und dann gehst du nieder und hast das Gefühl, du sitzt. Ich bin einmal gesessen und habe mich zur Crew umgedreht und hab gesagt: Ihr könnt raus – und in dem Moment siehst du einen Stein vorbeizischen, das heißt, du hast noch sicher 20 km/h drauf. Aber durch den weichen Schnee gab es keine Referenz und du hast es nicht gemerkt.

Man sagt: Wenn du beginnst zu fliegen, kriegst du als Flugschüler zwei Häferl hingestellt. Das eine ist komplett voll, das andere ist komplett leer …

Im Plauderton erreichen wir das Gebirge. Unter uns falten sich schneebedeckte Modelleisenbahnlandschaften auf, dazwischen Seen, Ortschaften, Gletscher. Über allem spannt sich der blaue Himmel, die Sonne bringt Eis und Schnee zum Gleißen, aber man ahnt: Wenn das Wetter hier zupackt, braucht der Helikopter eine strenge Hand.

Was verlangt das Fliegen in den Bergen?

Das Um und Auf ist Erfahrung. Man sagt: Wenn du beginnst zu fliegen, kriegst du als Flugschüler zwei Häferl hingestellt. Das eine ist komplett voll, das andere ist komplett leer. Das leere Häferl ist das Erfahrungshäferl – und das Ziel ist, dass dieses so voll wie möglich ist, wenn du als Pilot aufhörst. Das andere Häferl ist das Glückshäferl: Da ist im Laufe deines Lebens immer weniger drin.

Weiß man, wie viel drin ist im Glückshäferl?

In das mit der Erfahrung kann man ganz gut reinschauen, in das mit dem Glück leider nicht. Die Kunst ist: Wenn du in Pension gehst, soll noch ein bisserl Glück übrig sein. Und das Erfahrungshäferl soll so voll sein wie möglich. Bei vielen Kollegen ist das Glückshäferl leider schon leer gewesen. Ich habe auch schon ein paar kräftige Schlucke genommen aus dem Glückshäferl.

Was ist der entscheidende Faktor im Gebirge?

Die Motorleistung. Habe ich einen Hubschrauber, der leicht ist, wo ich allein drinsitze und er hat Leistung ohne Ende, dann ist das Fliegen im Gebirge nicht schwierig. Aber das Problem ist immer, dass du zu wenig Leistung hast, etwa bei Transportflügen: Du hast 1000 Kilo dranhängen und bist am Limit, und wenn du im Gebirge auch noch fliegst, nimmt ja mit zunehmender Höhe der Sauerstoffgehalt der Luft ab und damit die Motorleistung, und du hast statt 1000 PS nur mehr 600.

Ob Turbine oder Kolbenmotor ist da wohl egal?

Prinzipiell ja. Es gibt den technischen Begriff Dichtehöhe, im Englischen *Density Altitude*, der für beide Antriebsarten gilt. Der setzt sich in der Praxis zusammen aus deiner Flughöhe in Korrelation zur Temperatur. Es kann sein, wenn du in Afrika fliegst, dass du die gleiche Dichtehöhe hast wie am Montblanc. Hat es plus 45 Grad und ist recht feucht, ist es für den Hubschrauber das gleiche, als fliegt er bei uns am Dachstein. Umgekehrt gilt: Bist du irgendwo hoch oben und es ist ganz kalt, kann es für den Hubschrauber so sein wie anderswo am Boden.

Kälte ist super, Wärme ist schlecht, Höhe ist schlecht …

… und für jeden Hubschrauber gibt es dicke Handbücher mit genauen Tabellen zur Density Altitude. Da kannst du dir genau ausrechnen, dass bei dieser Temperatur und bei jener Luftfeuchtigkeit deine 10.000 Fuß Flughöhe dann 14.000 Fuß entsprechen. Und du kannst reinschauen in deine Tabellen, wie die Schwebeleistung aussieht.

Tabellen befragen, wenn du ohnehin keine Hand frei hast, das klingt jetzt nicht nach einer guten Lösung. Grade vorher hat Schwarz im Hangar noch seinen Lieblings-Heli präsentiert, einen Bristol 171 Sycamore, über 60 Jahre alt, mit Rotorblättern aus Holz und von einem Österreicher konstruiert, Raoul Hafner. Für den Bristol braucht es sogar einen Rechenschieber, erzählt Schwarz, der diesen Helikopter weltweit als einziger noch fliegen darf. Als Trimmgewicht müssen nämlich 40 Liter Glykol während des Flugs hin- und hergepumpt werden, in Relation zum verbrauchten Treibstoff und zum Fluggewicht, damit der Schwerpunkt passt. Ich mach das nach Gefühl, sagt Schwarz und lächelt.

Das Problem ist immer, dass du zu wenig Leistung hast, etwa bei Transportflügen: Du hast 1000 Kilo dranhängen und bist am Limit …

Wie entscheidend ist im Gebirge das Wetter?

Das Wetter ist immer ein Problem, nicht nur, weil es sich schnell ändern kann. Nur ein Bespiel: Angenommen, du willst über einen Gebirgskamm fliegen. Bei dir ist es schön, dahinter ist es bewölkt, also weißt du nicht, wie es dahinter wirklich ist. Wenn du jetzt steigen willst, musst du natürlich die Geschwindigkeit reduzieren. Jeder Hubschrauber hat nun eine Geschwindigkeit VY, bei der er die beste Steigrate bei möglichst geringer Leistung erreicht. Das sind üblicherweise 100 km/h, 60 Knoten. Bei diesem Tempo kriege ich den größten Leistungsüberschuss und den habe ich natürlich zur Verfügung zum Steigen. Fliege ich nun den Hang rauf und auf einmal ist alles zu auf der anderen Seite, weil es etwa neblig ist, bin ich natürlich in Lebensgefahr, denn wenn ich jetzt umdrehe, brauche ich wieder mehr Leistung … Deswegen muss man sich angewöhnen, so einen Kamm in einem Winkel anzufliegen: Wenn du nicht sicher bist, wie es dahinter ausschaut, und wenn's nicht passt, kannst du noch ungefährdet abdrehen.

Fliegen im Gebirge ist das eine, aber wie ist es mit dem Landen?
Das ist wieder ganz was anderes. Wenn du etwa in Innsbruck einen Föhnsturm hast, ist das natürlich ein Wahnsinn. Du musst immer schauen, woher der Wind kommt, was gar nicht so einfach festzustellen ist. Wenn da oben auf dem Berg keine Bäume sind, wie willst du das wissen? Das geht nur mit Erfahrung: Du musst einfach viel fliegen, in Situationen kommen und daraus lernen. So wie es mir ergangen ist: Du fliegst offensichtlich gegen den Wind, weil du keine Leistung mehr hast, und irgendwann sitzt du dort oben auf dem Gipfel und bist froh, dass du gelandet bist, und bist überzeugt, dass der Wind von vorne kommt, und machst die Tür auf und es fetzt dir die Tür aus der Hand, weil du natürlich Rückenwind gehabt hast.

Was halten Berge noch für Überraschungen bereit?
Im Gebirge ist das Whiteout ein Riesenthema, das Landen im Schnee. Hast du eine Schneefläche, hast du keine Chance, dort zu landen, wenn es keinen Anhaltspunkt gibt. Bei uns in der Flugrettung war es deswegen oft so, dass wir über unser Ziel geflogen sind und der Flugretter hat dann einen Rucksack abgeworfen. Diesen Anhaltspunkt durfte man dann nicht mehr aus den Augen verlieren. Aufgrund dieses Referenzpunkts konntest du deine Geschwindigkeit und alles andere einschätzen. Heute ist es üblich, dass sich der Pistendienst einfach hinkniet und wartet, bis man aufgesetzt hat. Früher sind die Leute oft aus Angst weggegangen und haben immer den gleichen Abstand zum Hubschrauber gehalten und du bist nie zum Landen gekommen. Da gibt's ganz wilde Geschichten.

Im Gebirge ist das Whiteout ein Riesenthema, das Landen im Schnee. Hast du eine Schneefläche, hast du keine Chance, dort zu landen, wenn es keinen Anhaltspunkt gibt.

Beeinflussen Berg- und Talformen die Thermik?
Natürlich, auch die Sonneneinstrahlung. Das Grundthema ist das Erkennen von Luv und Lee, die dem Wind zu- und abgewandten Seiten, dass man genau weiß, auf welcher Seite es raufgeht. Das hast du

oft bei Transportflügen ausgenutzt: Da konnte man 200 Kilo mehr nehmen, wenn man im Aufwind war. Wenn du umgekehrt auf der anderen Seite warst, ist's derart runtergegangen, dass es dir den Helm vom Kopf gerissen hat. In Innsbruck war das immer extrem, wenn der Föhn geblasen hat.

Kann Sie beim alpinen Fliegen noch was überraschen?

Mit zunehmender Erfahrung hast du alle Situationen schon einmal gesehen, gerade durchs Rettungsfliegen. Dabei bringst du zwar nicht viel Flugzeit zusammen, im Schnitt dauert bei einem Einsatz der Flug hin und retour jeweils fünf, sechs Minuten, aber du hast einen Haufen Landungen, 20 bis 30 pro Tag, und die sind oft extrem.

Ist für Piloten das Sehen der Entscheidende der Sinne oder ist es die Körperbalance?

Wie wichtig die Körperbalance ist, merkst du vor allem, wenn du Fluglehrer bist. Da fliegst du ja Hunderte Platzrunden, und du bringst dem Schüler bei, dass er 2000 Fuß halten soll oder eine bestimmte Geschwindigkeit. Du brauchst nicht einmal hinschauen und merkst sofort, jetzt sinkt der Hubschrauber, jetzt steigt er, die Geschwindigkeit wird geringer, die Drehzahl passt nicht, das merkst du sofort – der Hubschrauber wird ein Teil von einem selber.

Dass der Heli ein Teil von einem selbst wird, ist wohl auch gut, wenn es um die Vorbereitung von Rettungsflügen geht. Das muss ja in kürzester Zeit funktionieren …

Wir hatten beim ÖAMTC eine Dreiminuten-Startbereitschaft, egal, wo du grade warst, auf der Toilette oder beim Kaffeetrinken. Dann ging es zum Hubschrauber und du hast gar keine Zeit, um zu schauen, wie das Wetter ist. Im Hubschrauber kriegt man dann die Einsatzrichtung und die Art des Einsatzes, also etwa vom Startplatz Innsbruck aus Richtung Telfs, Bergunfall. Du hupfst rein und bist spätestens drei Minuten nach der Alarmierung in der Luft. Während des Flugs kriegst du dann genauere Angaben. Früher hatte man Karten und einen Netzteiler, es gab Planquadrate, die das Ziel festgelegt haben. Da hieß es etwa Ziel in B16, das war nicht einfach, besonders in Niederösterreich, wo alles gleich ausschaut, da sind wird oft zur Ortstafel runter nachschauen … Heute ist es dank GPS relativ einfach, da braucht der Pilot nur mehr der Linie auf dem Bildschirm nachfliegen.

Wir hatten beim ÖAMTC eine Dreiminuten-Startbereitschaft, egal, wo du grade warst. Dann ging es zum Hubschrauber und du hast gar keine Zeit, um zu schauen, wie das Wetter ist.

Und es unterstützt einen der Flugretter, der die Funktion des Co-Piloten ausübt …

Genau. Früher waren die Flugretter einfache Bergrettungsleute, die hatten von der Luftfahrt null Ahnung. Jetzt haben die fast einen

Universitätsabschluss, alle Achtung. Die müssen nicht nur hubschraubertechnisch gut sein, sondern auch medizinisch und bergrettungsmäßig. Früher hat der nicht einmal hinschauen dürfen auf die Instrumente, hat ihm der Pilot schon eine g'schmiert. Da sind sie auch hinter dem Piloten gesessen und nicht neben ihm. Früher hatte auch der Arzt null Ausbildung, der ist einfach gekommen und du hast ihm einmal gezeigt, wie die Tür aufgeht und wo er nicht reinlaufen soll.

Früher waren die Flugretter einfache Bergrettungsleute, die hatten von der Luftfahrt null Ahnung. Jetzt haben die fast einen Universitätsabschluss, alle Achtung.

Je näher man zum Einsatzziel kommt, desto mehr übernimmt der Pilot das Sagen?

Du musst entscheiden, wo du landest, wie sieht das Wetter aus, lässt du die Crew aussteigen und zu Fuß zum Einsatzort gehen oder holst du den Patienten mit dem Tau. Doch auch die Crew spielt eine wichtige Rolle. Hat man sich für einen Landeplatz entschieden, wird jeder zum Beobachter. Wie schaut's aus beim Landeanflug? Gibt es Seile oder elektrische Leitungen? Wenn es eng wird, schaut auch der Doktor raus, der Flugretter macht die Tür auf und schaut nach hinten, geht sich das mit dem Heckrotor aus? Das ist das Einsprechen. Diese Hilfe ist unbezahlbar: Du kannst dich 100-prozentig verlassen auf die Crew und deswegen ganz andere Landeplätze auswählen, als wenn du das allein machen tätest.

Sie haben während Ihrer Zeit als Christophorus-Pilot das erste Crewmember-Handbuch geschrieben?

Da habe ich hineingeschrieben, wie der Ablauf genau sein soll. Wir haben immer wieder Fälle gehabt, wo der Hubschrauber weggeflogen ist, und zwei Stunden später ist jemand zum Stützpunkt gekommen und hat gefragt: Gehört das euch? Das hat grad mein Dach durchschlagen … Da ist wieder ein Teil runtergeflogen, weil es wer auf den Kufen vergessen hatte. Ich habe dann eingeführt, dass einer von der Crew draußen steht und schaut, und wir haben genau niedergeschrieben, wie er anzeigen muss, dass da nix liegt. Damals bin ich von den eigenen Kollegen angefeindet worden, so ein Blödsinn, der soll gescheiter drinsitzen, dass wir weiterkommen. Heute ist das bis ins Kleinste geregelt. Dadurch ist natürlich die Sicherheit gestiegen, auch durch die Vorgaben der EASA, der Europäischen Agentur für Flugsicherheit. Das ist sehr professionell geworden, aber natürlich mit einem hohen Kostenaufwand verbunden.

Unter uns verschwindet der Schnee, die Berge apern aus. Die Landschaft wird wieder grün und grau: Wir kehren übers Land in die Stadt zurück. Schwarz groovt dahin: Obwohl es nur geradeaus geht, verströmt er pure Glückseligkeit, auch nach Tausenden Flugstunden im Cockpit. Er erzählt von seinem Freund Heinz, der früher den ÖAMTC-Intensivhubschrauber flog und in der Nacht oft drei, vier Mal aufgeweckt wurde, um zu starten – und nachher immer gesagt hat: Ma, das war heute wieder so ein schöner Flug!

Geht ihnen das Herz auf an einem schönen Tag über dem Gebirge?

Hubschrauberfliegen ist noch immer ein Vergnügen wie am ersten Tag. Immer wenn ich etwa mit der Bell 47 der Flying Bulls fliege, ist das ein irres Gefühl. Das liegt wohl an der ausgeprägten Glaskuppel: Jeder Flug ist eine Freude.

Ich fliege ab und zu als Co-Pilot in einem Jet, das ist so was von langweilig. Da bist du in 30.000 Fuß unterwegs, von der Erde erkennst du überhaupt nix.

Ist das wie Tiefschneefahren? Die Luft ist ja wohl immer ein bisschen anders …

Ja, so kann man sagen. Das kann man etwa mit der Linienfliegerei nicht vergleichen. Ich fliege ab und zu als Co-Pilot in einem Jet, das ist so was von langweilig. Da bist du in 30.000 Fuß unterwegs, von der Erde erkennst du überhaupt nix, weil alles dunstig ist. Jetzt sitzt du stundenlang dort drinnen, das Einzige, was du siehst, ist der nächste Wegpunkt am Schirm, und alles macht der Autopilot. Wie schön haben es dagegen wir Hubschrauberpiloten: Wir können herumfliegen, wie wir wollen.

Siegfried Schwarz

(Jahrgang 1957) war 21 Jahre bei der ÖAMTC-Flugrettung und absolvierte dabei rund 7000 Einsätze. Er ist Fluglehrer und war 2011 und 2015 Weltmeister im Helicopter Freestyle. 1978 war Schwarz Österreichs erster ziviler Hubschrauberschüler. Er arbeitete als Helikopterpilot für Luftbildfotografie, flog Transport- und Rettungsflüge und wurde Ausbildungsleiter und Chefpilot der HeliAir und der Christophorus Flugrettung. Seit 2000 ist Schwarz Pilot bei den Flying Bulls, inzwischen als Chefpilot und Flugbetriebsleiter Helikopter. Er besitzt als einer von drei Österreichern eine Helikopter-Kunstfluglizenz.

5

AUSBILDUNG

Alles Retten ist Chemie

Hinter alpiner Flugrettung steht perfekte Teamarbeit. Zu jedem Zeitpunkt gilt: Die Kette der helfenden Hände ist nur so stark wie ihr schwächstes Glied. Wie und wo findet man also die besten Kandidaten?

Die Crew eines Rettungshubschraubers besteht aus drei, manchmal vier Personen: Pilot, Notarzt, Flugretter, dazu kommt je nach Anforderung bisweilen ein Bergespezialist. Jede Frau und jeder Mann für sich ist ein ausgewiesener Experte in seinem Fachgebiet. Er oder sie hat Tausende Flugstunden, eine jahrelange Praxis in einem Krankenhaus, Hunderte Einsätze im

Wie so manche Rettung beginnt: Der Hubschrauber samt Crew schwebt ein.

Sanitäts- und Bergrettungsdienst und Qualifikationen für die Arbeit mit Spezialwerkzeug, ehe sie oder er sich für diese Jobs bewirbt. Beim Ausleseprozess geht es dann noch einmal um Fähigkeiten, die Soft Skills heißen.

Die Ansprüche an die künftige Rettungscrew sind hoch, was gleich die erste Frage aufwirft: Gibt es genügend Kandidaten für diese Jobs? Die erfreuliche Antwort lautet: Ja. Denn: Es ist Idealismus in seiner besten Form, der diese Menschen antreibt, ein Helfersyndrom, das nahezu ohne Nebenwirkungen auftritt (und dem wir in diesem Buch noch häufiger begegnen werden).

Ihre Arbeit ist für diese Frauen und Männer ein Traumberuf mit hohem sozialem Standing, von dem sie dennoch eine realistische Vorstellung haben: Es erwarten sie unregelmäßige Arbeitszeiten, viel Verantwortung und jede Menge Unwägbarkeiten.

Suche nach den besten Kandidaten

Starten wir mit einigen Begriffen und Erklärungen. Die Flugrettung per Helikopter heißt in der aeronautischen Fachsprache HEMS *(Helicopter Emergency Medical Services)*. Den Piloten bezeichnet die Luftfahrtgesetzgebung als *Flight Crew*, den Notarzt als *Medical Passenger* oder auch *Medical Crew*.

Der Beruf des Flugretters ist häufig eine Kombination aus drei Jobs, die auch jeweils für sich existieren: Notfallsanitäter, Bergungsfachmann und *Technical Crew Member* (HEMS TC), sprich Co-Pilot. Vom HEMS TC gibt es die Varianten HEMS TC NVIS (*Night Vision Imagining System,* ein Spezialist für Nachtflüge) und HEMS TC HHO (*Helicopter Hoist Operation,* der Windenspezialist).

Wer sich als Pilot bei einem Rettungsflugunternehmen bewirbt, trifft in Deutschland, Österreich, der Schweiz, Frankreich und in Südtirol – dem Zentralraum für alpine Flugrettung – auf recht ähnliche Anforderungen. Kandidaten benötigen alle notwendigen fliegerischen Lizenzen, eine Mindestanzahl von Flugstunden (1000 bis 2500, je nach Rettungsorganisation, davon 500 bis 1000 auf turbinengetriebenen Hubschaubern) und einen Ausbildungsnachweis einer offiziell anerkannten Flugschule. Verpflichtend sind Nachtflugausbildung samt dazugehörender Nachtsichtflugberechtigung, der Nachweis einer Ausbildung für das Fliegen im Gebirge (inklusive Außen- und Hochgebirgslandungen) und eine Bergungsbefähigung (Winde/Tau) mit einer Mindestanzahl von Bergungen. Das Fachwissen für Letzteres erwirbt man üblicherweise beim Militär oder bei Transport- und Arbeitseinsätzen im alpinen Bereich (Hüttenversorgung, Baustellenflüge). Notwendig sind gute Sprachkenntnisse (Landessprache plus Englisch) und ein einwandfreier Leumund. Bisweilen gehen Bewerbungen noch etwas tiefer: Der deutsche ADAC verlangt einen positiven psychologischen Eignungstest, erstellt vom Deutschen Zentrum für Luft- und Raumfahrt.

Die Bewerbung um die Position eines Flugretters bedingt eine Notfallsanitäterausbildung (je nach Land mit Diplom und unterschiedlich langer Ausbildungszeit) und entsprechende Erfahrung in präklinischer Notfallmedizin, mindestens drei oder mehr Jahre Tätigkeit im Rettungsdienst – idealerweise als Notfallsanitäter –, eine abgeschlossene Alpinausbildung und einen positiven medizinischen Eignungstest. Verlangt wird auch umfangreiches technisches Verständnis und ausgezeichnete körperliche Fitness.

Flugretter erfüllen die vielfältigste Aufgabe in der Helikopterflugrettung. Sie erledigen nicht nur ihre ureigenste Aufgabe als Bergespezialist: Sie sind auch die Schnittstelle zwischen Flugbetrieb und Medizin, was Organisationstalent verlangt. Als Co-Pilot bedienen sie den taktischen Funk – das ist die Kommunikation mit den Leitstellen von Rettungsdiensten, Polizei, Berg- und Pistenrettung – und sie unterstützen den Piloten bei Navigation sowie Hindernis- und Luftraumbeobachtung. Sie beurteilen gemeinsam mit dem Piloten die Landeplätze, helfen bei der Absicherung vor dem Abflug und nach der Landung und sind für die Vorbereitung des Helikopters mitverantwortlich. Sie müssen alle aeronautischen Notverfahren beherrschen, um bei Zwischenfällen eingreifen zu können.

HEMS

Die Flugrettung per Helikopter bezeichnet die Fachsprache, die stets Englisch ist, als *Helicopter Emergency Medical Services*, kurz HEMS.

Bei der Patientenversorgung wiederum arbeiten sie Hand in Hand mit dem Notarzt. Sie assistieren bei medizinischen Maßnahmen, können die medizinischen Geräte an Bord bedienen und dokumentieren die Patientenversorgung. Und während des Abtransports bestellen die Flugretter gleich das Spitalsbett für den Patienten.

Wird die Position eines Notarztes für die Flugrettung ausgeschrieben, differieren die Kriterien ebenfalls je nach Land; Unterschiede reichen aber nicht ins Grundsätzliche. In Österreich müssen die Notarztqualifikation (nach dem Ärztegesetz) und spezielle Kenntnisse in den Bereichen Anästhesie, innere Medizin, Traumatologie, Neurologie und Intensivmedizin nachgewiesen werden.

Die Rega als die größte Flugrettungsorganisation der Schweiz verlangt neben dem fachärztlichen Diplom in Anästhesie und/oder Intensivmedizin eine Ausbildung in präklinischer Notfallmedizin der Schweizerischen Gesellschaft für Notfall- und Rettungsmedizin SGNOR. Pflicht ist ein internationales Diplom für Gebirgsmedizin oder ein absolvierter Gebirgsärztekurs (Sommer und Winter). Dazu kommen Spezialausbildungen etwa in ACLS (*Advanced Cardiac Life Support*), PHTLS (*Pre Hospital Trauma Life Support*) und PALS (*Pediatric Advanced Life Support*). Es wird – auch in Südtirol und Deutschland – Erfahrung im bodengebundenen Rettungsdienst vorausgesetzt.

Assessment-Center

Ein Assessment-Center (vom englischen *assessment*, Beurteilung) ist eine Methode, um die am besten geeigneten Personen für gewisse Arbeitsstellen zu finden.

In Frankreich ist die Notfallmedizin eine eigenständige medizinische Fachrichtung: Die im Flugrettungsdepartement der staatlichen Services mobiles d'urgences et de réanimation (SMUR) eingesetzten Ärzte müssen diese oder eine vergleichbare Qualifikation besitzen.

Notärzte dürfen als Exempel gelten, weshalb sich Menschen für einen Job bei der Flugrettung entscheiden. Es ist die Herausforderung, ohne die übliche breite Struktur (bei Ärzten: die einer Klinik) ein schwieriges Ziel zu erreichen. Zum Glück ist man in einem Team eingebettet, das genauso denkt. Und: Weil man es (speziell als Notarzt) gerade bei alpinen Einsätzen tendenziell mit schwierigeren Fällen zu tun hat, trägt das enorm zur fachlichen und persönlichen Entwicklung bei.

Der Test auf Herz und Hirn

Der erste Schritt der Bewerbung ist das Ausfüllen der Bewerbungsbögen. Doch wie geeignet sind die Kandidaten wirklich? War etwa der auf dem Papier hochqualifizierte Pilot vielleicht bisher als einsamer Cowboy im Single-Pilot Helicopter unterwegs? Dann liegt ihm die Flugrettung wohl nicht: Hier sitzt man immer nur als Teil eines Teams im Cockpit und hat zudem viele Partner, die einen wesentlichen Teil des Netzwerks bilden – in den Leitstellen, den Bodenstationen, den Spitälern, der Rettungsorganisation selbst.

Zur Beantwortung der Frage nach der tatsächlichen Qualifikation setzen Rettungsorganisationen auf unterschiedlich strukturierte Assessment-Center (vom englischen Begriff für Bewertung). Auch wenn Technik und Fachwissen bei diesen realen und digitalen Events noch einmal hinterfragt werden: Assessment-Center wollen vor allem eines – die Persönlichkeit der Kandidaten ausloten.

Deswegen finden sie etwa bei der deutschen Luftrettung DRF und bei der ÖAMTC-Flugrettung im Gruppensetting statt: So wird normale Interaktion gleich zum Test.

Die Prüfungen sind vielfältig: rotierender Stationsbetrieb, standardisierte Computertests, Fachgespräche, gruppendynamische Aufgaben, Einzelinterviews mit Psychologen und/oder Flugpsychologen.

Penibel werden Details hinterfragt:

Wie klar kommuniziert der Kandidat?
Wie arbeitet er mit einem und in einem Team?
Wie souverän trifft er Entscheidungen?
Wie interpretiert er seine Führungsrolle und seine Rolle als Teammitglied?
Wie verhält er sich in gruppendynamischen Situationen und bei Herausforderungen, wenn das soziale Umfeld eingebunden ist?
Wie gestaltet er Prozesse der Analyse?
Wie hoch sind seine physische und damit seine psychische Belastbarkeit?
Welche Rolle spielen bei ihm Parameter wie Hilfsbereitschaft, Flexibilität, Idealismus und Einsatzfreudigkeit?
Was versteht er unter Zuverlässigkeit?

Das Assessment-Center forciert dabei gezielt Reibungspunkte. Kandidaten für den Job des Flugretters werden etwa bewusst in Ermüdungssituationen gebracht, um zu erkennen, welche Leistung sie unter Stress noch abrufen können. Ein Kandidat möchte beim Vorstellungsgespräch gut aussehen, doch die Prüfer wollen keineswegs nur das optimal Präsentierte sehen: Sie wollen zukünftige Mitarbeiter sehen, wie sie an einem normalen Tag funktionieren, vielleicht sogar an einem schlechten Tag.

Essenziell ist bei allen Kandidaten, egal, ob Notarzt, Flugretter oder Pilot: Wie gehen sie im Grenzbereich mit Gefahren um? Wie schätzen sie Risikofaktoren ein? Denn: Wird die Crew am Stützpunkt alarmiert, stellt sich häufig die Frage, ob der Helikopter wettertechnisch überhaupt starten kann. In solchen Momenten braucht es ehrliches Risikomanagement: Wie viel Risiko nimmt die Crew auf sich, um zu retten, ohne ihr eigenes Leben oder das des Patienten aufs Spiel zu setzen? Wie bleibt sie professionell angesichts des zu erwartenden menschlichen Leids?

Viele Tests im Assessment-Center drehen sich um den Faktor Teamfähigkeit. Die Crew im Cockpit besteht aus drei bis vier Alphatieren, das bedingt ihr beruflicher Background. Es ist eine Herausforderung für die Prüfer, bereits bei den ersten Bewerbungsgesprächen vorausschauend zu erkennen: Lässt sich aus diesen Alphatieren ein schlagkräftiges Team formen? Ein Team, in dem jeder weiß, zu welchem Zeitpunkt er die Führung übernimmt und wann er einen Schritt zurücktritt, um sich von dem führen zu lassen, der jetzt der Spezialist ist? Superhero-Attitüden wären in diesen Momenten fehl am Platz.

Ausbildung macht Gutes besser

Haben Bewerber die Hürde Assessment-Center überwunden, landen sie im Pool der neuen Mitarbeiter und lernen dort gleich eine wichtige Lektion: Niemand – und sind seine Qualitäten noch so exzellent – ist per se so gut ausgebildet, dass er sofort losfliegen kann. Deshalb haben viele Rettungsorganisationen eigene Strukturen aufgebaut, um nicht nur die Besten zu finden, sondern auch, um ihnen dann intern den letzten Feinschliff zu geben.

Der deutsche ADAC als Europas älteste Rettungsorganisation setzt seit 2009 mit seiner HEMS Academy in Bonn/Hangelar einen Maßstab: Von der Simulatorhalle für Piloten (mit zwei Simulatoren für die in der Luftrettung am häufigsten eingesetzten Airbus-Helikopter H135/H145) bis zur nachgebauten Notfalleinrichtung eines Krankenhauses existieren viele »Lehrbehelfe« für Aus- und Weiterbildung. Die deutsche Luftrettung DRF bietet in Bühl Fort-, Aus- und Weiterbildungen in den Kernbereichen Notfallmedizin, Flugbetrieb und Technik ebenso an wie Kurse für Management und Führungskräfteentwicklung.

Manche Rettungsflugunternehmen bieten, weil Teil komplexer Avionik-Gruppen, vor allem fliegerische Ausbildungsvarianten an. Die französische SAF (Secours Aérien Français) betreibt in Tournon nahe Lyon eine Trainingsakademie samt Simulator. Die schweizerische Rega setzt auf die vorzügliche Basisausbildung ihrer Mitarbeiter, besitzt aber auch engagierte Fortbildungsmöglichkeiten und – für junge Piloten – Förderprogramme, die den späteren Einstieg in die Organisation ermöglichen. Die DRF geht einen Schritt weiter: Bei ihr kann man einen Helikopterflugschein erwerben. Kostenpunkt für die zweijährige Ausbildung, nach der die besten im DRF-Pilotenpool landen dürfen: rund 120.000 Euro.

Die Air-Glaciers in Wallis betreibt in Sion das Ausbildungszentrum Maison François-Xavier Bagnoud du sauvetage, das technische und medizinische Kurse für professionelle Rettungskräfte und für Privatpersonen und Firmen anbietet. Das Ausbildungszentrum des österreichischen ÖAMTC in Wr. Neustadt, das AirRescueCollege, befasst sich seit 2007 ebenfalls mit Aus- und Weiterbildung. Die grundsätzliche Idee macht trotz hohem Aufwand – der ÖAMTC etwa investiert pro Jahr für jeden seiner 21 Stützpunkte rund 100.000 Euro – doppelt Sinn: Sie steigert die Qualität der Mitarbeiter und bindet dieses Human Capital stärker an die Firma.

Organisatorischer Unterbau vieler europäischer Ausbildungsaktivitäten ist seit 1997 der Europäische Verband der Rettungsflieger EHAC (European HEMS and Air Ambulance Committee): ÖAMTC, ADAC und Rega waren dabei Gründungsmitglieder.

Wie lange dauert die spezifische Ausbildung? – Ein neuer Pilot braucht mindestens drei bis vier Monate, bis er eigenverantwortlich fliegen darf. Das technisch Einfachste, das er in dieser Zeit absolvieren muss, ist das *Type Rating*: Piloten benötigen für jedes Helikoptermodell, das sie steuern, eine Lizenz. Dazu kommt die Kenntnis des *Operation Manual*, aller Verfahren und Durchführungsbestimmungen. In den letzten 25 Jahren hat sich der Umfang dieser – nennen wir es salopp – Bedienungsanleitung von 100 auf 2000 Seiten vergrößert: Und 2000 Seiten lesen, verstehen, verinnerlichen und üben, das braucht seine Zeit.

Nach der Theorie folgt die Phase der Begleitflüge (*Supervision Flights*). Dabei fliegt der Pilot vom richtigen Platz aus, doch links von ihm sitzt ein erfahrener Kollege und kontrolliert ihn: bei Tag und bei Nacht, bei normalen und kniffligen Einsätzen.

Die Ausbildung für Flugretter dauert etwa ein halbes Jahr und wird in Theorie und Praxis absolviert. Der Lehrgang endet mit einer schriftlichen und einer praktischen Prüfung. Das ÖAMTC AirRescueCollege vermittelt beispielsweise den Lehrstoff in acht Monaten, aufgeteilt auf sechs oder sieben Module. Pflicht sind auch hier Supervisionsflüge unter Einsatzbedingungen und ein Einsatzpraktikum auf jenem Stützpunkt, wo der Flugretter künftig Dienst versieht.

Angehenden Flugrettern sind als Bergführern und Notfallsanitätern viele Inhalte der Kurse, die Rettungsorganisationen organisieren, vertraut. Neu ist alles, was mit dem Hubschrauber zu tun hat. Etwa das Beherrschen des Tauflugs, das von einer Mutprobe zur Selbstverständlichkeit werden muss. Oder die Bedienung der Seilwinde – und deren komplexe Wartung. Auch auf den ersten Blick simple Tätigkeiten wie das angestützte Aus- und Einsteigen (dabei setzt der Hubschrauber im abschüssigen Gelände nur mit einer Kufe auf und bleibt im Schwebezustand) erfordern Überwindung und Übung.

Ebenfalls Neuland betreten Flugretter bei der Ausbildung zu Assistenten des Notarztes und des Piloten. Die medizinischen Aufgaben reichen vom Bedienen der technischen Ausrüstung bis zur Erledigung organisatorischer Aufgaben. Noch komplexer ist die Cockpitassistenz: Der Flugretter erlernt dabei gleichsam einen neuen Beruf.

In manchen Ländern kooperieren die Flugrettungsorganisationen in Sachen Flugretter personaltechnisch eng mit anderen Rettungsorganisationen. In der Schweiz übernehmen Mitglieder der Alpinen Rettung Schweiz bei schwierigen Bergungen die Aufgabe des HEMS Technical Crew Member. In Südtirol werden Flugretter von den Bergrettungsorganisationen Corpo Nazionale Soccorso Alpino e Speleologico (CNSAS) und dem Bergrettungsdienst (BRD) bereitgestellt, nachdem sie vorher eine Spezialausbildung absolviert haben.

Notärzte starten ihre Arbeit in der Flugrettung mit mehrtägigen Einführungen in Organisationsstrukturen und Abläufe sowie einer ausführlichen Schulung in Sachen Medizintechnik. Für Ärzte, die keine alpinen Grundvoraussetzungen mitbringen und dennoch in einer alpinen Umgebung arbeiten möchten, gibt es mehrtägige Alpinbasiskurse. In diesen erlernen sie alles, was zum Überleben im alpinen Setting wichtig ist: Wie bewege ich mich im alpinen Gelände? Wie sichere ich mich? Was sind alpine Gefahren und wie erkenne ich sie?

Insgesamt ist angewandte Notfallmedizin im Flugrettungssetting, auch wenn Notärzte viel Erfahrung aus bodengebundenen Einsätzen mitbringen, ein wenig anders: Das Equipment differiert durch seine Reduziertheit, die Arbeitsumgebung ist eine andere, ebenso der Zugang zum Patienten und zur Versorgung an sich, aus mehreren Gründen.

Ist man mit einem Patienten im Rettungswagen unterwegs, kann dieser jederzeit an den Straßenrand fahren und stoppen, falls es die akute Versorgung verlangt. Mit einem Notarzthelikopter im Reiseflugmodus geht das nicht.

Auch wenn Notarzt und Patient inzwischen via Headsets kommunizieren – Umgebungslärm lässt sich nicht ausblenden und erschwert die Kommunikation.

Das Fliegen macht etwas mit dem Patienten, psychisch und physiologisch. Es wirken andere Kräfte auf ihn, selbst die Seehöhe kann die Behandlung und insbesondere die Medikation beeinflussen.

Und auch der Faktor Zeit wirkt sich aus: Der Patient ist schneller im Krankenhaus, anstatt eines normalen Spitals erreicht man damit vielleicht auch ein Spezialklinik. Beides ist natürlich positiv, doch herausfordernd für den Notarzt.

Retten ist ein Fulltime-Job

Flugrettung verlangt nicht nur seriöse Ausbildung, sondern auch permanente Fortbildung – und kreative Lösungen der Rettungsorganisatoren. Wer wie ADAC, Rega und ÖAMTC Hunderte Mitarbeiter beschäftigt, kommt etwa ohne kreatives E-Learning nicht mehr aus. Software, mit der sonst Universitäten arbeiten, ist dabei Standard: Um alle Lehrbehelfe ständig anbieten zu können, sind sie in digitalen Bibliotheken hinterlegt. Aus diesen können sich die Crews selbstständig bedienen. Rechnet man alle jährlichen Trainings- und Einsatzzeiten zusammen, erlaubt das den simplen Schluss: Flugrettung ist für die Crew übers Jahr gesehen ein Fulltime-Job.

Fortbildung

Auf dem letzten Stand der Rettungstechnologie zu bleiben ist wichtig, aber auch zeitaufwendig. Ein Beispiel: Der leitende Flugretter Vorarlbergs hat in den letzten 30 Jahren 120 Kurse absolviert.

Schulung in Permanenz ist als Sicherheitsfaktor unerlässlich. Die Luftfahrt hat als Branche bereits in den 1980er-Jahren herausgefunden, dass *Crew Resource Management* (CRM) die Anzahl der Zwischenfälle und Unfälle deutlich reduziert. Die Teambuilding-Variante im Flugrettungswesen heißt *Aeromedical Crew Resource Management* (ACRM). Dabei geht es nicht nur um ständiges Arbeiten an technischen Fähigkeiten, sondern auch an den weichen Fertigkeiten wie Teamkommunikation, Teamfähigkeit, Führungsverhalten und situative Rücksichtnahme.

Jährliche ACRM-Briefings sind in praktische Trainings eingebettet oder werden als Online-Lehrgänge abgehalten. Immer geht es um Crew- und Patientensicherheit. Immer trainieren Notärzte, Flugretter und Piloten gemeinsam. Immer werden dabei auch Vorfälle aus dem aktuellen Erfahrungsumfeld aufgearbeitet und analysiert.

Was ebenfalls immer alle betrifft: Jährlich übt die Crew gemeinsam ihre Tauflug- und Windenkompetenz. Hinzu kommen einmal jährlich ein Bodentraining, das Auffrischen der Sicherheitsvorschriften plus die Kenntnis der Not- und Feuerlöschsysteme.

Die regelmäßigen Leistungsnachweise (*Proficiency Checks*) schreibt zum Großteil die Europäische Agentur für Flugsicherheit (EASA) vor. Es ist Rettungsorganisationen natürlich gestattet, mehr zu verlangen. Beim ÖAMTC etwa gibt es jährlich einen HEMS TC Proficiency Check, eine Flugübung (Tauflüge und angestütztes Aus- und Einsteigen) und eine Sicherheitsschulung. Alle zwei Jahre sind eine Rezertifizierung gemäß dem Sanitätsgesetz, ein Tauflug im Trainingssetting und alle drei Jahre der Alpin Proficiency Check und das einsatztaktische Intensivtraining vorgeschrieben. Die österreichische ARA überprüft wie alle Anwender der Rettungswinden zweimal jährlich, wie ihre Windenoperateure in Form sind.

Insgesamt kommt einiges zusammen: Der leitende Flugretter der Vorarlberger Bergrettung absolvierte von 1990 bis 2021 rund 120 Kurse und Schulungen.

Die Weiterbildung der Notärzte – der ÖAMTC nennt das Prozedere *Refresher* – befasst sich durchwegs mit der Handhabung neu an Bord befindlicher Ausrüstung, derzeit Ultraschall- und Narkosegeräte.

Aufwendig auch die regelmäßigen Checks für die Piloten. Sie müssen zweimal pro Jahr den *Operator Proficency Check* (OPC) und den *Licence Proficency Check* (LPC) erledigen: Beide schreibt das Luftfahrtgesetz vor. Der OPC findet zwei Mal pro Jahr über zwei Tage statt: Dabei werden in einem Full Flight Simulator die fliegerischen Fähigkeiten im Alltag – wie technisch sauber wird geflogen? – ebenso überprüft wie das Beherrschen der Notverfahren. Der LPC dient dem Nachweis von Fähigkeiten, um die Lizenz zu verlängern, auch dafür braucht es einen Flugsimulator.

So wie ein Helikopterpilot ständig an einigen Hebeln zu hantieren hat, damit seine Maschine in der Luft bleibt (vergessen wir hier den Autopiloten), muss sich auch die gesamte Crew ständig weiterbilden, um auf dem letzten Stand zu sein.

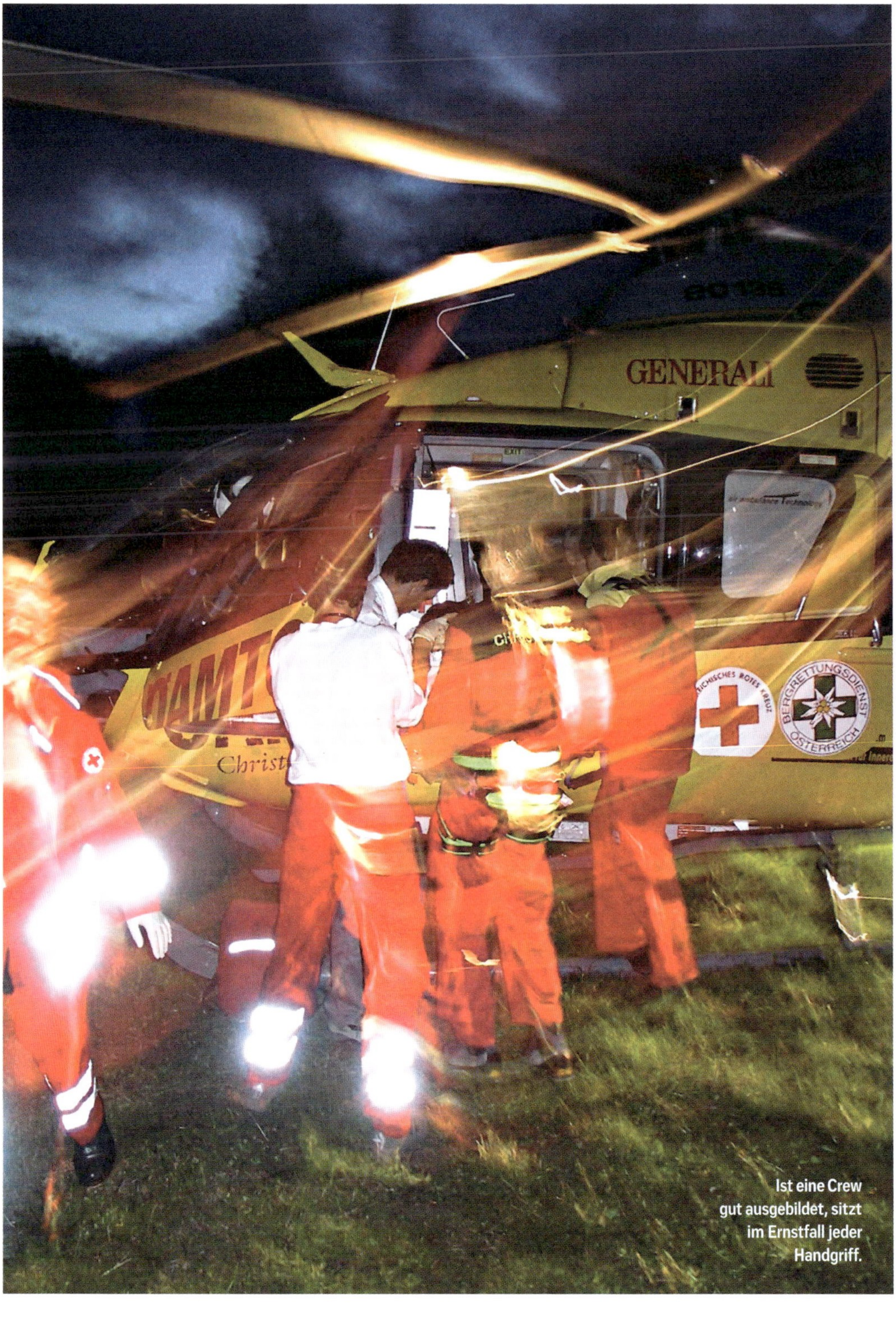

Ist eine Crew gut ausgebildet, sitzt im Ernstfall jeder Handgriff.

6

TECHNIK

Die Hardware der Retter

Welche Helikopter werden in der alpinen Flugrettung eingesetzt? Wie sieht der Arbeitsplatz der Retter aus? Was braucht es, damit Helikopter immer einsatzbereit sind? Wie funktioniert Retten bei Nacht? Welche Bergemethoden gibt es?

In der Werft der HeliAir Wr. Neustadt (Österreich): ÖAMTC-Rettungshubschrauber beim Routine-Service

Die Helikopter der Flugretter

Im zentralen Alpenraum Mitteleuropas haben sich nur wenige Varianten bewährt. Hier ihre kurzen Steckbriefe.

Bell 429 GlobalRanger

Der leichte, wendige Hubschrauber wurde von Bell Helicopter Canada mit Korea Aerospace Industries und Mitsui Bussan Aerospace speziell für die Rettungsdienstbranche entwickelt. Produziert werden seit 2009 Versionen mit Kufen und Fahrwerk. Der Bell 429 war von Anfang an ein Erfolg: Gleich der erste Kunde war die Air Methods Corporation, der größte US-Anbieter von Rettungsdiensten. In Europa findet die Maschine eher im Charter Verwendung: Im Helicopter Emergency Medical Service (HEMS) wird sie von Air Zermatt (Schweiz) und SHS Schieder (Österreich) eingesetzt, jeweils mit 4-Achsen-Autopilot und Nachtflugzulassung.

Länge/Höhe/Breite: 13,11/4,04/2,67 m **Maximales Abfluggewicht:** ca. 3200 kg **Turbinen:** zwei Pratt & Whitney 207D1, Startleistung je 621 SHP* **Max. Reisegeschwindigkeit:** 278 km/h **Dienstgipfelhöhe:** ca. 5700 m **Reichweite:** 760 km **Max. Flugdauer:** 4:30 h

AgustaWestland AW169 FIPS

2015 von der Schweizer Rettungsflugwacht Rega bestellt, werden die ersten Maschinen 2023 ausgeliefert. Wesentlicher Unterschied zu anderen 169er-Versionen ist das verbaute Full Ice Protection System (FIPS), das den AW169 nahezu allwetterfest macht. Gewisse Teile des Helikopters reagieren bei Kälte und in großer Höhe allergisch auf kalt-feuchte Luft. Trifft diese auf Metall, vereist die Oberfläche, die Maschine wird unsteuerbar. Das FIPS-System umfasst deswegen Eisdetektoren, Stromgeneratoren, Schutzgitter für den Triebwerkseinlass sowie beheizte Windschutzscheiben und Rotorblätter.

Länge/Höhe/Breite: 14,65/4,50/2,15 m **Maximales Abfluggewicht:** ca. 4600 kg **Turbinen:** zwei Pratt & Whitney 210A, Startleistung je 1100 SHP **Max. Reisegeschwindigkeit:** 268 km/h **Dienstgipfelhöhe:** ca. 5500 m **Reichweite:** 860 km **Max. Flugdauer:** 4:20 h

*SHP (*shaft horse power,* Wellen-PS) steht bei Hubschraubern für die Leistung an der Hauptrotorwelle.

Airbus Helicopters H135

Exzellente Flugeigenschaften, kompakte Abmessungen und ein gutes Preis-Leistungs-Verhältnis machen den H135 zu einem beliebten Hubschrauber in der Luftrettung: Mehr als die Hälfte der seit 1994 ausgelieferten 1400 Exemplare sind eine HEMS-Version. Bis 2021, so errechnete Hersteller Airbus Helicopters, wurden mit dem H135 weltweit 5,5 Millionen Flugstunden absolviert. Optisch sind der H135 (und sein »größerer Bruder« H145) auch für Laien durch ihren speziellen Heckrotor zu identifizieren: Dieser steht nicht frei, sondern ist verbaut. Die Vorteile dieses Konzepts namens Fenestron (nach der lateinischen Bezeichnung für Fenster, *fenestra*) sind schlagend. Durch die Einhausung reduziert sich zum einen die Lärmentwicklung, was speziell im Rettungseinsatz positiv ist, aber auch die Unfallgefahr. Immer wieder gab es Zwischenfälle mit dem sich noch drehenden Heckrotor, der in Stresssituationen übersehen wurde. Dank Fenestron gibt es keine gefährlichen freistehenden Teile mehr.

Vom Konzept her basiert der H135 auf dem in den 1980er-Jahren gebauten Modell MBB Bo 105 und dem einmaligen Demonstrationsmodell Bo 108: Von diesem hat er noch seinen wartungsfreundlichen gelenk- und lagerlosen Hauptrotor und einen erstaunlichen Rotorkopf, der aus einem Stück Titan geschmiedet ist.

Im Lauf seiner Lebenszeit bekam der H135 nicht nur einen neuen Namen (er begann seine Dienstzeit beim Hersteller Eurocopter als EC135), er wurde auch laufend technologisch weiterentwickelt. Inzwischen gibt es ihn mit einem volldigitalisierten Cockpit (Helionix), zudem ist er auch für Nacht- und Instrumentenflüge ausgestattet.

Länge/Höhe/Breite: 12,26/3,90/2,62 m **Maximales Abfluggewicht:** ca. 3100 Kilogramm **Turbinen:** zwei Safran Arrius 2B2Plus, Startleistung je 660 SHP **Reisegeschwindigkeit:** 230 km/h **Dienstgipfelhöhe:** bis zu 6000 m **Reichweite:** 633 km **Max. Flugdauer:** 3:36 h

MD 902 Explorer

Das Modell des US-Produzenten MD (er geht auf eine Firma des als Flugpionier bekannt gewordenen exzentrischen US-Milliardärs Howard Hughes zurück) ist in Europa ein Exot. Nicht nur von den Stückzahlen her (in Österreich verwendet nur die Martin Flugrettung einen MD 902): Der zweimotorige Helikopter kommt nämlich ohne Heckrotor aus. Stattdessen verwendet MD ein als NOTAR (*No Tail Rotor*) bezeichnetes Anti-Drehmoment-System.
Laut MD eliminiert dieses alle mechanischen Nachteile eines Heckrotors, einschließlich langer Antriebswellen, Lager und diverser Getriebe und nutzt stattdessen ohnehin auftretende aerodynamische Eigenschaften von Hubschraubern.
Die Funktionsweise ist simpel erklärt, wenn auch nur von Physikern zu durchschauen: Über Lüftungsschlitze an der hinteren Seite des Kabinendachs wird durch ein innen montiertes Schaufelrad Luft angesaugt. Diese wird beschleunigt und durch das Innere des Heckauslegers nach hinten geleitet. Auf ihrem Weg wird die Luft zum Teil durch zwei Schlitze auf der (von vorne gesehenen) Steuerbordseite des Auslegers ausgestoßen. Damit wird durch den Coandă-Effekt der Heckausleger zu einem Flügel, der im Abwind des Rotorsystems fliegt und bis zu 60 Prozent des für den Schwebeflug erforderlichen Gegenmoments erzeugt. Der verbleibende Teil der nach hinten strömenden Luft erzeugt über eine variable Steuerdüse am Ende des Auslegers den Rest des notwendigen Gegenmoments und dient auch der Steuerung.
Als besondere Vorteile von NOTAR nennt MD minimierte Vibrationen, weniger Lärmentwicklung, bessere Steuerbarkeit und geringere Absturzgefahr. Denn, so MD: Ein Fünftel der Helikopterabstürze seien auf Defekte des Heckrotors zurückführen.

Länge/Höhe/Breite:10,39/3,66/2,23 m **Maximales Abfluggewicht:** 3071 kg **Turbinen:** zwei Pratt & Whitney 207E, Startleistung je 646 SHP **Reisegeschwindigkeit:** ca. 245 km/h **Dienstgipfelhöhe:** ca. 4500 m **Reichweite:** ca. 600 km **Max. Flugdauer:** ca. 3:30 h

AgustaWestland AW109 Grand Da Vinci

Der Helikopter des italienisch-britischen Unternehmens ist eine für die schweizerische Rettungsflugwacht Rega gefertigte Variante des AW109 Grand. Bei seiner Konzeption wurden 640 Verbesserungsvorschläge, die sich aus dem hochbelastenden Rettungsalltag ergaben, integriert, darunter eine verstärkte Seilwinde. Die Wartungskosten konnten damit ebenso gesenkt werden wie die Lärmemissionen. Der Da Vinci besitzt einen 4-Achsen-Autopilot und ein Infrarotkamerasystem. Dieses zeigt dem Piloten bei Nebel und Dunkelheit nicht nur ein Radarbild seines Einsatzgebiets an, sondern auf einer digitalen Karte auch die Geländeform. Etwaige gefährliche Hindernisse (Seilbahnseile, Stromleitungen, Masten) werden durch ein eigenes Warnsystem abgebildet. Die Variante AW109 SP wird von der österreichischen Schenk Air eingesetzt.

Länge/Höhe/Breite: 12,96/3,39/2,15 m **Maximales Abfluggewicht:** 3175 kg **Turbinen:** zwei Pratt & Whitney 207C, Startleistung je 572 SHP **Reisegeschwindigkeit:** 285 km/h **Dienstgipfelhöhe:** ca. 5000 m **Reichweite:** 950 km **Max. Flugdauer** 4:50 h

Airbus Helicopters H145

Die größere Variante des Modells Airbus H135 bietet jedem Crewmitglied einen moderneren und komfortableren Arbeitsplatz. Der Pilot hat die letzte Generation eines digitalisierten Cockpits inklusive eines 4-Achsen-Autopiloten vor sich. Der Flugretter bekommt einen dank höherer Turbinenleistung seilwindentauglichen Helikopter. Eine höhere Zuladung und eine größere Kabine bieten dem Notarzt mehr Behandlungsfreiheit. Durch ein modulares Konzept lässt sich der Innenraum zudem innerhalb kürzester Zeit für verschiedene Aufgaben umrüsten. In seiner letzten Ausbaustufe besitzt der H145 einen Fünf-Blatt-Rotor, was das Handling und die Flugleistung speziell in größeren Höhen noch einmal verbessert. Vom H135 wurde der ummantelte Fenestron-Heckrotor übernommen: Dieser reduziert die Lautstärke und erhöht die Sicherheit.

Länge/Höhe/Breite: 13,64/3,95/3,29 m **Maximales Abfluggewicht:** 3800 kg **Turbinen:** zwei Safran Arriel 2E, Startleistung je 894 SHP **Reisegeschwindigkeit:** 241 km/h **Dienstgipfelhöhe:** ca. 5300 m **Reichweite:** 650 km **Max. Flugdauer** 3:35 h

Ein spezieller **Arbeitsplatz**

Rettungshubschrauber sind fliegende Intensivstationen, betreut von einer drei- bis vierköpfigen Besatzung. Wie ist das Rettungsteam untergebracht? Welche Ausstattung gibt es an Bord? Ein Blick auf das Innenleben.

Der Platz des Piloten …

Das Cockpit ist auch im Rettungshelikopter ein traditionelles Cockpit, auch wenn die Zukunft die Gegenwart permanent überholt.

Mit der rechten Hand bedient der Pilot den Steuerknüppel namens Cyclic, mit der linken den Collective und mit zwei Fußpedalen den Heckrotor: So steuert er – hydraulisch unterstützt – über die Neigung der Rotorblätter und die Motorleistung das Rauf und Runter, das Hin und Her und das Schnell und Langsam.

Nur mehr in wenigen Modellen hat der Pilot dabei ein klassisches Instrumentarium vor sich (das CPDS, *Center Panel Display System*), also eine Umgebung mit kreisrunden Uhren und zitternden Zeigern. Ob die Hersteller Airbus Helicopters oder Leonardo, Bell oder MD heißen: In fast allen Varianten, die in der Flugrettung im Einsatz sind, stecken bereits Displays und Touch Screens. Die Triebwerksdaten, die Geschwindigkeit über den Fahrtmesser, die Fluglage über den künstlichen Horizont: Alle Informationen werden digital präsentiert, sind sinnvoll gruppiert und werden von der Elektronik interpretiert. Verlassen die Werte einen Sicherheitskorridor oder übersteigen sie Sollwerte, reagiert das System per Lichtanzeige, Gong oder Voice Alarm.

Wichtigster Helfer des Piloten ist neben Navigations- und Kommunikationssystemen das digitale Bordbuch (*Electronic Flight Bag*): Es versammelt auf einem Tablet all jene Informationen, die einst in Papierform vorlagen. Noch hilfreicher als das papierlose Cockpit ist der 4-Achsen-Autopilot: Er stabilisiert automatisch die Flugbewegungen um die Längs-, Quer- und Hochachse und zusätzlich – als vierte Dimension – den Triebwerksschub. Damit können weder Limits ignoriert noch Systeme überlastet werden. Der Pilot muss weniger Aufmerksamkeit investieren, kriegt aber im Gegenzug mehr Sicherheit, speziell bei fordernden Flugmanövern. Diese werden von digitalen Bordkameras unterstützt, doch gibt es auch noch analoge Rückspiegel: Sie vergrößern das Blickfeld des Piloten bei schwierigen Lande- und Bergemanövern ganz entscheidend.

Der Pilot sitzt im Rettungshubschrauber steuerbord, also rechts.

Der Flugretter sitzt im Rettungshubschrauber backbord, also links, wechselt aber manchmal beim Bedienen der Seilwinde nach hinten.

... und der Platz des Flugretters

Links vom Piloten sitzt der Flugretter. Er unterstützt als ausgebildeter Notfallsanitäter den Notarzt, ist als ausgebildeter Bergführer der hauptverantwortliche Bergespezialist und als Assistent des Piloten zuständig für Funkaufgaben, Navigation und Management vor und nach dem Flug. Er hat damit auch Zugriff zu Teilen der Cockpitarmaturen. Manche auf Windenbergungen spezialisierte Rettungsflugunternehmen splitten die Aufgaben des Flugretters: Für die Windenbedienung ist dann ein separater Spezialist an Bord. Eine bestimmende Aufgabe des Flugretters ist die Bedienung der technischen Rettungsmittel Fixtausystem bzw. Rettungswinde. Beim Fixtausystem entscheiden Pilot und Flugretter vorab, mit welcher Seillänge sie von einem Zwischenlandeplatz zum Einsatzort fliegen. Falls erforderlich, wird ein variables Bergetau verwendet.

Bei Windenbergungen kommen Systeme zum Einsatz, die je nach Ausführung fix links oder rechts am Hubschrauber befestigt sind. Bei der Bedienung steht der Windenoperateur gesichert auf der windennächsten Kufe und kommuniziert bei der Bedienung der Winde über sein Headset permanent mit dem Piloten und den am Seil hängenden Crewmitgliedern.

Je nach Verletzungsgrad und Auffindungssituation hat der Flugretter für die Bergung ein Bergedreieck (zur sitzenden Bergung Leichtverletzter) oder einen Bergesack (zur Liegendbergung) an Bord, Letzteren in Kombination mit einer Vakuummatratze. Mit an Bord hat der Flugretter auch Rettungsschlingen, Gurte und bei Bedarf Spezialausrüstung etwa für Bergeeinsätze auf Gletschern (ein Dreibein samt Stahlseilen für Spaltenbergungen, akkubetriebener Schremmhammer zum Befreien eingeeister Unfallopfer).

Der Patient wird im Hubschrauber, sofern er nicht sitzend transportiert werden kann, auf einem Stretcher platziert: Von dieser speziellen Liege aus kann der Patient, sobald das Spital erreicht ist, problemlos weitertransportiert werden.

Der Platz des Notarztes

Im Lauf der Zeit entwickelten sich Rettungshubschrauber vom schnellen Transportmittel für Verletzte immer mehr zu mobilen Schockräumen und fliegenden Intensivstationen. (Eine Spezialvariante sind ITH-Transporthubschrauber: Sie werden für intensivmedizinische Patientenverlegungen genutzt.) Die medizinische Ausrüstung an Bord deckt das Spektrum der Notfallversorgung breit ab. Fliegenden Notärzten steht alles zur Verfügung, was sie zur Versorgung verletzter oder erkrankter Personen benötigen. Relevanteste Einschränkung: Das geringere Raumangebot im Vergleich zu Notarztwagen auf vier Rädern und die Transportsituation in der Luft erfordern vom Arzt eine spezielle Herangehensweise.

Die Innenausstattung der Ordination über den Wolken wird von Spezialisten (z. B. Aerolite und Bucher Group in der Schweiz und Air Ambulance Technology in Österreich) maßgeschneidert. Sie ist modular aufgebaut, was Umbauten und die Neubestückungen mit Geräten ein wenig vereinfacht. Die österreichische HeliAir, eine Tochter des ÖAMTC, geht noch einen Schritt weiter. Sie vermeidet mit ihrer Eigenentwicklung Kokon dieses »Gestaltungs-Tetris« (Zitat Kokon-Designer Florian Bucher) nahezu komplett. Die Idee dahinter entspricht der einer Kletterwand: Die Wand bleibt stets gleich, nur die Griffe und Tritte werden neu positioniert. Die neun Schalenelemente von Kokon bestehen aus leichter Kohlefaser, ersetzen die ursprüngliche Innenverkleidung und erlauben es, im Rahmen eines Gewichtslimits alle medizinischen Geräte frei zu positionieren. Weitere Vorteile: ein reduzierter Lärmpegel im Innenraum, ein notarztfreundliches LED-Beleuchtungssystem und Zeitersparnis im Fall von Wartungsarbeiten am Helikopter.

Notärztin und Notarzt haben ihren Platz in der Kabine und werden dort fallweise vom Flugretter unterstützt.

Welche medizinische Ausrüstung ist konkret an Bord?

Hier ein Beispiel eines österreichischen Notarzthubschraubers.

Der Notfallrucksack enthält das einsatzrelevante Material und Geräte zur Versorgung von Notfallpatienten. Dazu gehören etwa das Ampullarium, das alle notwendigen Notfallmedikamente (Schmerz, Kreislauf, allergischer Schock, Narkose) enthält, Venenverweilkatheter unterschiedlicher Größen, Venflonpflaster und Injektionsspritzen. Ebenfalls im Notfallrucksack stecken Verbandmaterial, das Standardequipment für die Intubation (Laryngoskop, ET-Tuben, Beatmungsbeutel, Guedeltuben) sowie Infusionen, Glucose und Volumenersatz. Zur Zusatzausrüstung gehören Schienen und ein Immobilisationskragen (*Stiffneck*) sowie Stethoskop, Blutdruckmessgerät, Pulsoxymeter, Blutzuckermessgerät und Knochenbohrer.

Der Beatmungsrucksack enthält das erweiterte Intubationsequipment für das Atemwegsmanagement bestehend aus Laryngoskop zur Betrachtung des Kehlkopfes, Endotrachealtuben, Larynxmasken und Larynxtuben sowie Beatmungsmasken in allen Größen. Weiters finden sich im Beatmungsrucksack eine manuelle Absaugpumpe, eine Flasche Sauerstoff, Instrumente für die Anlage eines chirurgischen Atemwegs sowie Thoraxdrainage, Magensonde und Harnkatheter.

Diverse Sondertaschen beinhalten etwa Kindermedikamente (mit Zäpfchen, Kindervenflons und einem kleinen Blutdruckmessgerät), Geburtenset, Extremitätensäcke, Verbrennungsverbandmaterial, COVID-Ausrüstung und Reservematerial (Ampullarium, Verbände, Infusionen).

Folgende Geräte sind fix an Bord:

- ein tragbarer Notfallmonitor/Defibrillator zur Messung von Blutdruck, Sauerstoffsättigung, Herztätigkeit (EKG) und des CO_2-Werts für beatmete Patienten
- eine Beatmungsmaschine zur assistierten und kontrollierten Beatmung über mitgeführten Sauerstoff
- eine Absaugpumpe (akkubetrieben), die Mund, Rachen und Luftröhre von Schleim, Blut oder Erbrochenem befreit
- ein Ultraschallgerät zum Erkennen lebensbedrohlicher Verletzungen (z. B. Blutungen im Brust- und Bauchraum) und zur Beurteilung der mechanischen Herztätigkeit
- eine Spritzenpumpe (oder mehrere), die eine in gewissen Situationen notwendige kontinuierliche Medikamentenzufuhr sicherstellt (Aufrechterhaltung der Narkose, Schmerzmittelabgabe, Stabilisierung des Kreislaufs)
- ein automatischer externer Defibrillator
- ein mechanisches Reanimationsgerät und ein CO-Oxymeter (fallweise)

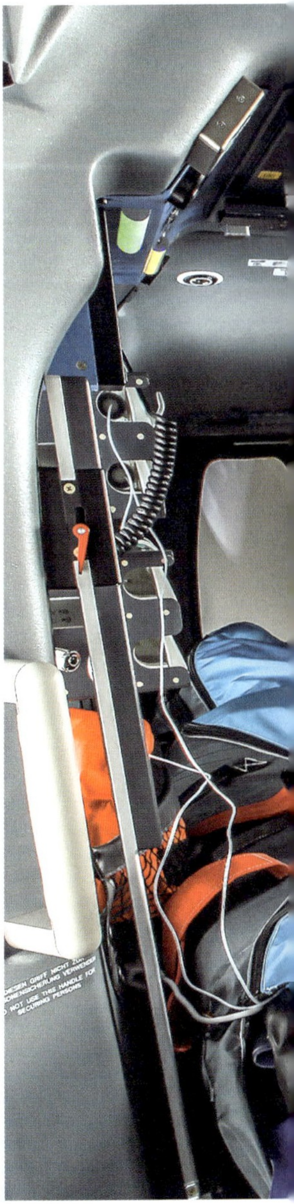

Fliegende Intensivstation: Alle Geräte müssen im Rettungshubschrauber so verstaut werden, dass sie in jeder Flugsituation unverrückbar bleiben.

Warum Helikopter ewig leben

Hubschrauber sind der erstaunlichste Geniestreich zur Überwindung der Schwerkraft. Werden sie am Boden pfleglich behandelt, erfüllen sie in der Luft ihre Pflicht beinahe ohne Ablaufdatum. Zu Besuch bei HeliAir, dem Wartungsbetrieb der Christophorus-Flotte des ÖAMTC.

Die Werft der Helicopter Air Transport GmbH, kurz HeliAir, ist ein schlichtes, flaches Industriegebäude am Wiener Neustädter Flughafen Ost, kaum zwei Stockwerke hoch, gleich neben einem Lokal namens *Fliegerstüberl*. Die Eingänge sind magnetkartengesichert, Besucher werden einzeln hereingebeten. Was sofort auffällt, ist die Unaufgeregtheit, die einen empfängt, und die Ordnung, die hier herrscht: Büros, Lager und Werkhallen sind akkuratest aufgeräumt. Es erinnert an ein Institut der Technischen Universität, bloß die uniformen Kittel fehlen.

Der einzige Ort, in dem ein wenig sympathische Unordnung herrscht, ist das Empfangszimmer im ersten Stock. Gastgeber Guido Graichen, Maintenance-Verantwortlicher der HeliAir, entschuldigt sich fast dafür, dass in einer Ecke diverse Unterrichtsutensilien gestapelt sind. Sie gehören dem Team des ÖAMTC AirRescueCollege, das hier als Untermieter Notärzte und Flugretter für ihre Einsätze am Notarzthubschrauber aus- und weiterbildet.

Die Werft in Wr. Neustadt ist einer von zwei HeliAir-Zwillingen: Eine nahezu identische Infrastruktur existiert in Innsbruck, mit ebenfalls 25 Angestellten, den gleichen Aufgaben. Eine aufgeklebte lila Linie auf der Landkarte im Einsatzbüro teilt Österreich in

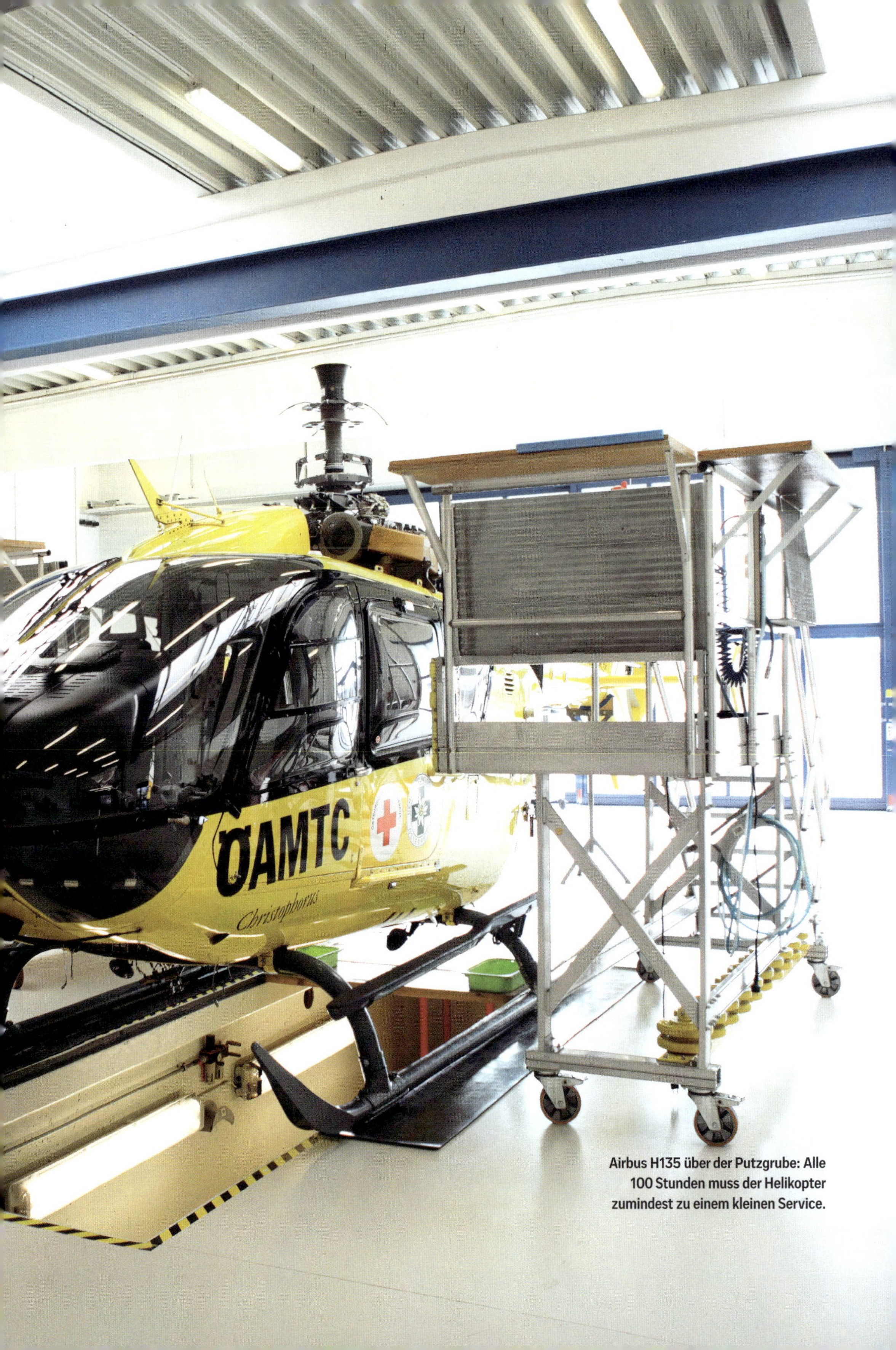

Airbus H135 über der Putzgrube: Alle 100 Stunden muss der Helikopter zumindest zu einem kleinen Service.

zwei Hälften und legt die Kompetenzen je nach Einsatzstützpunkt fest. Die westliche Hälfte der Christophorus-Heli-Flotte (plus einige Fremdaufträge) wird in Innsbruck gewartet; was östlich der Linie liegt, kommt nach Wiener Neustadt.

Rotorbläter

Sie bewegen sich an ihren äußeren Spitzen beinahe mit Schallgeschwindigkeit und werden deswegen regelmäßg gewuchtet.

Das Wo und Wann der Inspektionen, für die die Helikopter fast immer in die Werften einrücken müssen, hängt mit den verpflichtenden Serviceintervallen zusammen: Diese schreibt der Hersteller und die EASA vor, die EU-Agentur für Flugsicherheit. Die spezielle Richtlinie zur Durchführung von Wartung trägt die Bezeichnung Part 145: Sie ist quasi das Evangelium, nach dem jedes kommerzielle Luftfahrzeug zeit- und flugstundenabhängig überprüft werden muss.

In der Privatfliegerei dürfen Piloten oder ambitionierte Amateurtechniker selbst an ihren Maschinen schrauben. In der kommerziellen Fliegerei ist das verboten: Die Wartung erledigen ausschließlich zertifizierte Betriebe, einer davon ist die HeliAir. Um das Strickmuster dahinter zu organisieren, existiert zu Part 145 ein weiteres Prozedere namens CAMO, die *Continuing Airworthiness Management Organisation*, die laufende Überprüfung der Flugfähigkeit.

Simpel erklärt bedingen Part 145 und CAMO Folgendes: Jeder Teil eines Helikopters, von der Turbine bis zum kleinsten Dichtring, hat zwar auch eine tatsächliche, aber vor allem eine vorgegebene Lebenszeit. Getauscht wird immer rechtzeitig, damit der Betrieb nicht leidet. Alle Teile werden zudem über ihre gesamte Einsatzzeit akribisch beobachtet: Manche werden am Ende entsorgt, andere kehren nach Tausch und Runderneuerung beim Hersteller mit Lebensalter 0 (und ohne Qualitätsverlust) wieder in den Kreislauf zurück. Aufmerksame Werftbesucher erkennen das im Ansatz: In einer der Hallen stehen zwei codegesicherte Metallschränke, einer in Grün, einer in Rot. Im Grünen liegen die *Serviceable Parts*, im Roten die *Unserviceable Parts* – jeweils samt Dokumentation, damit im Kreislauf kein Teil falsch abbiegt.

Jedes Ersatzteil muss vor seinem Einbau beim Lagerverantwortlichen angefordert werden, Nummern werden überprüft, es wird unterschrieben und gecheckt. Das Kontrollsystem ist in sich intelligent. Korreliert ein Teil mit der Zahl der Flugstunden, kann es sein, dass das System etwa bei der Anforderung eines Starters den Kopf schüttelt und sagt: Sorry, der hält noch 500 Stunden, den darfst du nicht tauschen.

Dieses konsequente Wartungssystem, das weltweit für alle Luftfahrzeuge existiert und präzise exekutiert wird: Es macht die Luftfahrt sicher. Gemeinsam mit den Menschen, die es mit Leben erfüllen, handverlesenen Spezialisten. Die Mitarbeiter der HeliAir absolvieren häufig als ersten Schritt die HTL für Flugtechnik in Eisenstadt, die Bundesfachschule für Flugtechnik in Langenlebarn oder eine HTL für Maschinenbau. Haben sich die Kandidaten einmal für den Beruf Flugzeugtechniker entschieden, ist auch dieser Weg zertifiziert, diesmal als EASA Part 147 und Part 66 (Training und Licensing).

Wartungs-techniker

Fünf Jahre dauert die Ausbildung, bis ein Flugzeugmechniker in Eigenverantwortung tätig werden darf.

Fünf Jahre dauert die Ausbildung: Vier Jahre davon werden in der HeliAir-Werft absolviert, an der Seite eines erfahrenen Kollegen. Das geschieht, um fachlich zu lernen und um den Spirit zu kapieren, der da heißt: Wir sind ein Team, bei dem auch der Chef einmal zum Besen greift, und unser Ziel ist höchstmögliche Perfektion. Dazu kommen externe Lehrgänge in der Fachschule AERO-Bildung im bayerischen Oberpfaffenhofen und Schulungen beim Hubschrauberbauer Airbus Helicopters in Donauwörth (D) sowie Trainingswochen beim Turbinenhersteller Safran in Tarnos (F), den zwei Hauptlieferanten.

Diese Ausbildung ist nicht nur komplex, sondern auch teuer. Doch HeliAir leistet sich diesen – darf man es überhaupt so nennen? – Luxus, weil Guido Graichen damit am Ende Spezialisten im Team hat, die er stolz »meine Zehnkämpfer« nennt. Flexibel einsetzbare Allrounder, die jeden Job am Helikopter erledigen können, und von denen jeder mit Hirn und Herz dabei ist. Geht es um den »Topf«, wie die Helis hier liebevoll gerufen werden, sind alle zu jeder Tages- und Nachtzeit bereit. Bloß drei, vier reine Spezialisten gibt es: Sie sind für elektronische Spitzfindigkeiten und Feinheiten im Triebwerkshandling zuständig.

Zahlen

Ein Helikopter besteht aus 60.000 Teilen. Das teuerste ist die Turbinen-/Hauptgetriebekombination um knapp 500.000 Euro.

Überall einsetzbar heißt, dass die Zehnkämpfer sowohl in der Werft als auch draußen Dienst tun, denn es gibt auch ungeplante Servicearbeiten. Hinter Letzteren steckt das Kürzel AOG, *Aircraft on Ground*, was bedeutet: Auch Notarzthelikopter haben Pannen. Ist der Patient schon im Spital abgeliefert, ist das nicht ganz so schlimm. Doch es gibt auch Fälle, wo eine Reservemaschine in Marsch gesetzt werden muss.

Was im Fall eines AOG jedoch immer passiert: Ein Mitarbeiter, der Bereitschaft hat, wird in Richtung Pannenort geschickt. Er kommt dafür kurz in die Zentrale nach Wr. Neustadt oder Innsbruck, holt sich das Notfallpaket aus dem AOG-Schrank – Werkzeuge, technische Unterlagen und ein Standard-Ersatzteilset – und saust weiter Richtung Einsatzort. Dort wird repariert – nicht in einer klimatisierten Halle mit Fußbodenheizung wie in den Werften, sondern auch im Regen, bei Schneefall und in der Nacht, vielleicht mit Schaulustigen ringsum, aber immer mit der Helicrew im Nacken, die auf die Uhr schaut, wann es denn weitergeht. Diese Notfallmechaniker sind besonders qualifizierte Mitarbeiter, die nach ihrer Ausbildung fünf Jahre Praxis sammeln müssen, sagt Guido Graichen. Denn: »Um irgendwo im Gemüse einen Starter zu tauschen, musst du das vorher schon Dutzende Male in der Werft geübt haben.« Im Idealfall ist der Helikopter drei Stunden nach dem AOG wieder einsatzbereit, vielleicht mit einem neuen Starter um 12.000 Euro an Bord.

Die intervallgemäße Wartung funktioniert entspannter. Das Prozedere dazu begreift man am besten als Antwort auf die Frage: Der Hubschrauber verlässt tipptopp einsatzfähig die Werft – wann passiert nun die erste Inspektion?

Sie erfolgt nach 100 Stunden – also in der Regel nach zwei Monaten – und sie dauert etwa eine Stunde. Diese *Scheduled Maintenance* wird am jeweiligen Christophorus-Stützpunkt erledigt. Der Techni-

ker reist dafür samt Arbeitsunterlagen, Ersatzteilen und Laptop an und arbeitet seine To-do-Liste ab, während der Helikopter einsatzbereit bleiben muss. Der Techniker muss also genau wissen, welche Abdeckung er abnimmt und welche Schraube er löst, denn im Einsatzfall muss er den Helikopter in fünf bis sieben Minuten abflugfertig an die Crew übergeben können. (Das bedeutet auch: Seine Stunde Arbeitszeit kann sich über drei bis vier Stunden ziehen.)

Was steht nach 100 Stunden immer auf der Liste? Nichts Großes: zwickende Schalter, gerissene Sitzbezüge, eine knirschende Buchse am Headset des Notarztes, ein Tausch der Bremsbeläge für die Rotorbremse und Kleinigkeiten, die der Pilot beanstandet. Pflicht sind der Leistungscheck der Turbine (dafür gibt der Pilot einmal richtig Gas) und eine optische Runduminspektion (etwa zum Entdecken von Lecks). Bei der Wartung greift der Techniker auch auf Daten im digitalen Logbuch zu, die der Pilot und seine Crew während ihrer Einsätze hinterlassen.

Nach vier 100-Stunden-Checks folgt das erste größere Service, die 500-Stunden-Inspektion oder Jahresinspektion. Es ist die erste *Base Maintenance*: Der Helikopter rückt dafür in die Werft ein. Diese Inspektion dauert zwei Wochen, weil die Liste länger ist und das Per-

Werkzeug

Jeder Wartungstechniker hat seine eigene Werkzeugkiste mit nummeriertem Inhalt. Der Griff in eine fremde Kiste ist verpönt.

sonal tiefer in die Eingeweide vordringt, sprich: Es wird auch eine Menge zerlegt. Das Triebwerk wird gewaschen, das Innere der Turbine endoskopisch inspiziert (mit einem Gerät, wie es Chirurgen für Knieoperationen verwenden).

Zudem werden die Rotorblätter auf ihre dynamische und statische Wucht hin kontrolliert: Dazu dienen Gewichte in Wuchtkammern und *Trim Tapes* nahe der Rotorspitzen, bei denen es um Zehntelmillimeter geht – das verlangt nach Computerunterstützung.

Bei diesem Service werden auch – so es der Rhythmus des Herstellers verlangt – größere Komponenten getauscht, etwa das Hauptgetriebe direkt an der Turbine, das alle 4000 Stunden gegen ein neues ersetzt werden muss.

(Eine Rechnung zwischendurch: Weil servicierte Maschinen zwei bis drei Wochen stillstehen, braucht der ÖAMTC für seine Stützpunkte immer Reservemaschinen, damit keine Lücken entstehen.)

Nach dem 500-Stunden-Service geht es in 100er-Intervallen weiter bis zur 1000-Stunden-Inspektion oder der 36-Monats-Inspektion (je nachdem, was früher anfällt): Dafür kommt der Helikopter drei Wochen in die Werft, weil der Arbeitsaufwand höher und die Anzahl der zu tauschenden Verschleißteile größer ist. Ein markanter Punkt dieses Werfttermins: die Demontage, Reinigung und Überholung des Heckrotors.

Ersatzteile

Eingebaut werden darf bei der Wartung nur das, was beim Ersatzteilchef vorher angefordert wurde.

Und dann beginnt alles wieder von vorne, und Guido Graichen klingt nicht überheblich, wenn er sagt, dass dieser Rhythmus sich über Jahrzehnte wiederholen kann: »Ein Helikopter hält ewig – oder zumindest so lange, wie der Hersteller Ersatzteile liefern kann.« Die Wartung eines Helikopters ist nicht mit dem Service eines privaten Pkws zu vergleichen.

Weil der ÖAMTC eine sortenreine Flotte des Typs Airbus H135 einsetzt und in kurzer Zeit relativ viele Flugstunden absolviert, sind die Maschinen für Hersteller Airbus speziell interessant: Sie ermöglichen ihm, Entwicklung am fliegenden Produkt zu betreiben. Neue Lösungen fließen laufend ein, alt wird oft nicht nur durch neu ersetzt, sondern durch besser. Der Helikopter wird stets auf den neuesten Stand repariert, nennt Graichen ein Beispiel: Der älteste H135 der ÖAMTC-Flotte ist 25 Jahre alt und nicht nur immer noch modern – er ist in Details sogar moderner als jüngere Maschinen.

Die Wartung bedingt insgesamt gewisse Einschränkungen. HeliAir darf etwa im Bereich des Antriebs Teile nicht tauschen, weil

sie gar nicht dem ÖAMTC gehören: Der Turbine/Getriebe-Block etwa ist im Eigentum des Herstellers Safran und wird gegen Monatsraten geleast.

»Nicht tauschen dürfen« bringt aber Vorteile, sagt Graichen: Die Turbinen etwa werden von Safran penibel überwacht. Dafür besitzt jeder Helikopter ein *Usage Monitoring System*, UMS. Dieses zeichnet alle Daten auf, die Pilot und Maschine produzieren. Bei jeder Landung wird das neu entstandene Datenpaket zu HeliAir und Safran geschickt. Der Hersteller monitort damit laufend den Zustand seiner Triebwerke und ordnet im Fall des Falles einen Tausch von Teilen oder der kompletten Triebwerkseinheit an. Ohne eine Rechnung zu stellen, was angenehm ist: Ein Triebwerk kostet immerhin 498.000 Euro und der H135 hat zwei davon an Bord.

Sauberkeit

Je appetitlicher beim Zerlegen alles hergerichtet wird, desto geringer die Gefahr, dass sich ein Staubkorn an die falsche Stelle verirrt.

Nach so viel Theorie folgt der Rundgang durch die Werft. Das Ambiente ist ungewöhnlich freundlich, die Glasflächen groß, der Boden hell. (Perfekt für das Wiederfinden runtergefallener Kleinteile, denn sie zu verlieren, ist in diesem Business ein No-Go.) Die Hallen sind weiträumig, da zwickt nichts unter den Achseln. In der Mitte parkt jeweils ein Helikopter, halb zerlegt kehrt er Teile seines Innersten nach außen. Auf Tischen und Ablagen liegen penibel die dazugehörigen Eingeweide, ungewartet von bereits gewartet getrennt. Lautlos arbeiten geschickte Hände an offenen Herzen, dazwischen kontrollierende Blicke auf einen Computermonitor. Konzentration hängt in der Luft, aber auf eine entspannte Art.

Und wieder diese Aufgeräumtheit: im Batterie-Serviceraum, wo die hochstrapazierten NiCa-Akkus wieder fit gemacht werden. Beim selbst entwickelten Hakenprüfstand, dank dessen Genialität HeliAir vom Hersteller die Wartung der für die Taubergung notwendigen, sensiblen Haken übertragen bekam. Im abgetrennten Bohr-, Fräs- und Schleifraum – wegen des Staubaufkommens –, wo sogar die Bohrmaschinen in Reih und Glied auf ihren Einsatz warten. In den Werkzeugkoffern der Mannschaft – jeder hat seinen eigenen –, wo jedes Ding mit einem Code markiert ist. Sie ahnen es: Jeden Abend wird durchgezählt und vom Teamleader kontrolliert.

Materialausgabe

Markus ist bei der HeliAir der strenge Kontrollor dafür, dass jedes Schräubchen korrekt archiviert ist.

Damit die Mannschaft hellwach bleibt, wird Kreativität gefordert und gefördert. In lange Zeit ungenutzten Nebenräumen hat sich ein interessanter Mikrokosmos gebildet, oft aus praktischen Notwendigkeiten heraus.

Dank Eigeninitiative konnte man nicht nur das Service der Lasthakensysteme übernehmen. Auch die Wartung (und der Vertrieb) der inzwischen in allen Notarzthubschraubern eingesetzten Nachtsichtbrillen obliegt jetzt HeliAir. Das war nicht einfach, erinnert sich Graichen an mühsame Verhandlungen. Der Hersteller der *Night-Vision Goggles* sitzt in den USA und die Produkte unterliegen als Militärtechnologie speziellen Einschränkungen. Doch die Nachtflugtauglichkeit wird bei Notarzthubschraubern immer wichtiger, und inzwischen stattet HeliAir die Cockpits selbst mit den dafür notwendigen Filtern aus. Diese neutralisieren das Streulicht der elektronischen Geräte, das die Brillen stören würde.

Der Besuch des Ersatzteillagers bildet das Finale des Rundgangs. Vom Schräubchen um 2,50 Euro bis zur Frontscheibe um 12.000 Euro: Hier findet sich alles. (Oder fast alles: Es fehlen etwa Karosserieteile, *Cowlings* genannt: Das sind maß- und handgefertigte Einzelstücke.) War die Ordnung schon bislang erstaunlich: Jetzt findet man sich in einer Apotheke wieder.

Auch Markus, der Herrscher über das Ersatzteillager, trägt in gewisser Weise dazu bei, dass Helikopter mit jeder Wartung besser werden. Regelmäßig schicken Lieferanten nämlich Ersatzteile, in

sortenreinen Säckchen, beschriftet mit vielstelligen Zahlenkombinationen und Strichcodes und begleitet von *Authorized Release Certificates,* und dann stellt sich bei der Übernahme heraus: Da hat sich eine falsche Zahl eingeschlichen. (Und falsche Zahlen sind in der Part-145-Bürokratie der Super-GAU.) Dann meldet Markus das den Lieferanten, wo sich die Verantwortlichen zuerst einmal die Haare raufen und dann entschuldigen: »Das hat noch keiner auf der Welt rausgefunden, da seid ihr die Ersten, Kompliment.«

So trägt möglicherweise der korrigierte Strichcode eines schlichten Schalters dazu bei, dass ein Helikopter nicht am Boden bleiben muss, sondern ausdrücken darf, um einen Menschen aus Bergnot zu retten.

Turbine

Wenn ein Rettungsflugunternehmen einen Helikopter kauft, bleiben die Turbinen dennoch stets im Besitz des Herstellers.

Der Retter hängt am langen Seil

Ein verunglückter Bergsteiger in einer Felswand. Ein Skifahrer mit gebrochenem Bein im steilen Pistengelände. Ein traumatisierter Mountainbiker in einem Bachbett. Eine defekte Seilbahn, aus deren Gondeln die Fahrgäste befreit werden müssen. Landeplätze sind für die alpine Flugrettung oft alles andere als perfekt – und manchmal auch gar nicht vorhanden. Der Ausweg heißt direkte Bergung aus der Luft – eine schwierige Aufgabe, die stets volle Aufmerksamkeit verlangt.

Bergetechnik Tau

Wenn das Seil die Hilfe bringt

Die Taubergung per Fixseil (10 bis 60 Meter) wird eingesetzt, wenn der Rettungshubschrauber am Notfallort keinen brauchbaren Landeplatz findet.

Schritt eins: Pilot und Flugretter entscheiden vorab – meistens durch einen Check aus der Luft –, mit welcher Seillänge sie am Einsatzort am besten zurechtkommen. Notarzt und Flugretter (bei schwierigem Gelände nur der Flugretter) klinken sich dann an einem Zwischenlandeplatz an das Bergetau und werden zum Unfallopfer geflogen. Flugtechnisch ist das Manöver für den Piloten fordernd: Je selektiver das Gelände, desto mehr Fingerspitzengefühl braucht es, die Helfer am Seil gleichsam an allen Hindernissen vorbei einzufädeln. Der Pi-

Die Christophorus-Helikopter des ÖAMTC bergen mit einem Tau, das bis zu 60 Meter lang ist.

ÖAMTC

lot kommuniziert dabei permanent via Funk mit dem Flugretter. Am Seilende kommt ein Doppelhaken zum Einsatz: Diese elektronisch ver- und entriegelbare Variante garantiert ein Mehr an Sicherheit.

Schritt zwei: Am Notfallort wird das Unfallopfer erstversorgt und sitzend per Bergedreieck oder liegend per Bergesack (in Kombination mit einer Vakuummatratze) am Bergetau fixiert. Der Pilot bringt das Unfallopfer gemeinsam mit dem Notarzt und dem Flugretter zum Zwischenlandeplatz: Dort wird es – wenn notwendig – weiter versorgt.

Schritt drei: Der Hubschrauber fliegt die gerettete Person in das nächstgelegene Krankenhaus.

Ein Sonderfall ist die variable Taubergung, ein Verfahren, das Flugretter des Christophorus Flugrettungsvereins entwickelt haben. Dabei seilt sich der an einem kurzen Fixseil (meist zehn Meter) hängende Flugretter mithilfe eines Zusatzseils bis zu 80 Meter weiter zum Unfallopfer ab. Das Extraseil steckt in einem Seilsack, den der Flugretter bei sich trägt, und wird über ein Abseilgerät aktiviert. Auch hier trägt der Pilot eine spezielle Verantwortung. Er muss während der gesamten Bergeaktion an der gleichen Position schweben und dabei Pendelbewegungen des Taus ausgleichen, was mit jedem Meter zusätzlicher Seillänge schwieriger wird. (2005 betrug die Seillänge bei einer Rekordbergung im Tiroler Wettersteingebirge 140 Meter.) Die Versorgung des Unfallopfers durch den Notarzt wird im Fall der variablen Taubergung erst am Zwischenlandeplatz durchgeführt.

Eingesetzt wird die variable Variante immer dann, wenn Bergungen mit unklarer Seillänge anstehen, etwa in Schluchten, bei abschüssigem Waldgelände, in steilen Felswänden oder im extremen Hochwald.

Die fix am Hubschrauber montierte Winde hat eine Tragkraft von maximal 270 Kilogramm.

Ein weiterer Sonderfall ist die Kapperbergung (von kappen = trennen). Auch sie wird allein vom Flugretter am Bergetau durchgeführt. Diese Methode wird eingesetzt, wenn ein abgestürzter oder sonst hilfebedürftiger Kletterer in einer Felswand noch an seinem Seil hängt und sich nicht befreien kann. Der Flugretter wird am Tau hängend zum Einsatzort gebracht und fixiert das Unfallopfer in einem ersten Arbeitsgang am Bergetau. Durch Anheben des Verunfallten wird dessen Kletterseil entlastet; dann wird dieses vom Flugretter mit einer Kappschere durchschnitten. Kritisch: Der Hubschrauber ist für einige Momente über das Kletterseil des Opfers am Berg fixiert und nicht beliebig manövrierbar.

Bergetechnik Seilwinde

Hilfe ohne Zwischenlandung

Bei einem Bergemanöver mit einer direkt am Helikopter montierten Rettungswinde benötigt man im Gegensatz zur Taubergung keine zeitaufwendige Zwischenlandung: Entdeckt die Crew beim Anfliegen des Einsatzziels und beim darauffolgenden Erkunden, dass eine problemlose Landung am Unfallort nicht möglich ist, kann eine Windenrettung gleich in der Luft vorbereitet werden.

Ob Bergung mit Winde oder Bergetau: Vor dem Hochheben muss der Patient perfekt eingepackt werden.

Das für die technische Abwicklung zuständige Besatzungsmitglied ist der Windenoperateur. Er sitzt links vom Piloten und wechselt, um die Winde zu bedienen, nach hinten in den Passagierraum. Nachdem der Pilot den Hubschrauber über dem Einsatzziel in einen stabilen Schwebeflug gebracht hat, öffnet der Windenoperateur die seitliche Schiebetür und steigt auf die darunterliegende Kufe. Dabei ist er mit einem Klettergurt gesichert. Im Normalfall hängen sich nun Notarzt und Flugretter an das Windenseil und werden zu Boden gelassen.

Die Schwierigkeit bei Windenbergungen ähnelt der von Taubergungen: Da der Pilot die Szenerie aus seiner Position nicht überblicken kann und zudem mit dem Schwebeflug beschäftigt ist, wird er vom Windenoperateur per Funk »eingesprochen«, sprich: Er wird mit allen Informationen versorgt, um die exakte Position über dem Einsatzort halten zu können. Das nutzbare Bergefenster, in das der Windenoperateur seine Fracht entlässt, ist im minimalsten Fall drei mal drei Meter groß – bei einer Seillänge von bis zu 90 Metern eine heikle Übung.

Nach der Erstversorgung wird das Unfallopfer mit der Winde zum Helikopter hochgezogen und im Hubschrauber untergebracht. Da die Winden eine Tragfähigkeit von etwa 270 Kilogramm haben, können Notarzt, Flugretter und Patient gemeinsam in einem Hebevorgang geborgen werden. Der Windenoperateur wechselt nun wieder auf den Co-Piloten-Sitz und der Rettungshubschrauber fliegt in Richtung Krankenhaus.

Erfordert die Erstversorgung mehr Zeit, ist es üblich, dass der Hubschrauber nach dem Absetzen von Notarzt und Flugretter einen Zwischenlandeplatz aufsucht. Auch bei der Windenbergung werden entweder Bergesitz – für leicht verletzte Personen – oder Bergesack verwendet.

Insgesamt hat eine fix am Rettungshubschrauber montierte Rettungswinde Vor- und Nachteile. Zum einen kann der Verunfallte schneller notfallmedizinisch versorgt werden, weil die Unfallstelle direkt angeflogen wird. Auch beim Abtransport gewinnt man wertvolle Zeit. Die Nachteile der Windentechnologie: Sie ist relativ teuer, ihr Anbau bedeutet zusätzliches Gewicht für den Hubschrauber und damit eine geringere Nutzlast, und ihre Bedienung verlangt ein zusätzliches Besatzungsmitglied. Zudem ist ihr Handling nicht ganz ungefährlich: Der Windenoperateur steht bei seiner Arbeit sehr exponiert. Er ist zwar gesichert, aber doch den Elementen ausgesetzt.

Wenn die schwarze Luft kommt

Was bei Tag schon heikel ist, wird bei Nacht zur Herausforderung: Bergeeinsätze bei Dunkelheit sind nur mit einem Mehr an Kommunikation und Technologie zu meistern.

In der Nacht sind alle Katzen grau, sagt das Sprichwort, was ihre Unterscheidung schwierig macht. Auch das Fliegen eines Helikopters wird ein bisschen komplizierter, sobald das Tageslicht zur Neige geht und »die schwarze Luft kommt«, wie Flieger so scherzhaft sagen.

Das hat vorrangig damit zu tun, dass der Pilot wie jeder Mensch ein Augentier ist. Ja, es gibt eine Vielzahl von Instrumenten im Cockpit, die auch ohne Licht Daten liefern und damit den Durchblick verleihen. Sie zeigen Flughöhe, Geschwindigkeit, Öldruck und vieles andere mehr an, doch ohne Sichtreferenz ist das korrekte und wichtige Abschätzen von Distanzen unmöglich. Ohne Tageslicht keine Dreidimensionalität: Das irritiert die Piloten. Ihr Körper beginnt, trotz aller Ausbildung und Routine, dem Gehirn falsche Signale über die tatsächliche Fluglage zu senden. Sigi Schwarz, seit über 30 Jahren Helikopterpilot, fasst dieses beginnende Tohuwabohu in einem Satz zusammen: »Wenn du nichts siehst, ist das eine Katastrophe.«

Das Kernstück des Rettungsfliegens bei Nacht sind deswegen Nachtsichtgeräte, die *Night-Vision Goggles* oder NVGs, die sowohl der Pilot als auch der Flugretter tragen. Diese Nachtsichtbrillen erinnern entfernt an klobige Operngläser. Sie werden samt der für ihren Betrieb notwendigen Batterie – NVGs arbeiten unabhängig von der Bordelektronik – am Helm des Piloten und Co-Piloten befestigt. Die

Nachtbergungen werden mit speziellen Brillen und mit starken Scheinwerfern durchgeführt.

Batterie sitzt dabei an der Rückseite des Helms und dient gleichsam als Gegengewicht zu den Brillen, die rund 700 Gramm wiegen. Die NVGs lassen sich zu- und wegklappen, dennoch ist das Anlegen und das Tragen eine Prozedur: Auch deswegen liegt etwa der Alarmierungszeitraum eines Notarzthubschraubers bei Nacht bei sieben bis acht Minuten anstatt bei drei Minuten wie bei Tageslicht.

Nachtsichtbrillen sind empfindliche elektro-optische Geräte, die auf dem Prinzip der Restlichtverstärkung basieren. Auch bei kompletter Dunkelheit liefern sie im Sucher ein scharfes und klares Bild der Umgebung. Diese Ansicht ist jedoch nur zweidimensional und – je nach Fabrikat der NVGs – grünlich oder weißlich. Die Umgebung erscheint damit so ähnlich, wie sie sich in vollmondhellen Nächten präsentiert. Hindernisse wie Stromleitungen, Seilbahnseile oder Liftmasten erkennen die NVGs gut, ebenso aufziehendes Schlechtwetter, etwa Nebelbänke oder Gewitterfronten.

Die Verwendung von Nachtsichtbrillen erfordert ein spezielles Training. Vor allem müssen sich die Träger an das eingeschränkte Sichtfeld – 40 Grad gegenüber normalerweise 220 Grad – und das Fehlen der dritten Dimension gewöhnen. Mit etwas Übung ist korrektes Abschätzen von Geschwindigkeit, Höhe und Entfernung aber gut möglich. Zum einen, weil das Gehirn sich dank archivierter Erfahrungen die fehlende Information einfach dazudenkt. Zum andern, weil die monochrome Landschaft eine ungewöhnliche Schärfentiefe hat.

Ein Nachteil bleibt: Das zusätzliche Gewicht des Systems erschwert das Handling, ist bei längerer Verwendung unkomfortabel und belastet damit die Physis der Besatzung. Eine Stunde Fliegen mit NVGs ist so anstrengend wie zwei Stunden ohne.

Die in der alpinen Rettungsfliegerei verwendeten Brillen stammen durchwegs aus der US-Militärtechnologie. Ihre Benutzung und auch ihre Wartung bedingt deswegen nicht selten die Genehmigung des US State Departments. Als Hightech-Geräte verlangen sie penible Pflege und Wartung. Üblicherweise erfolgt alle sechs Monate oder 100 Stunden eine mechanische Prüfung, die Reinigung der Linsen und ein Spezialcheck des Restlichtverstärkungsmoduls. Denn: NVGs altern. Tauchen im Sichtfeld mit der Zeit zu viele *black spots* oder *bright spots* auf, müssen Teile getauscht werden.

Die Helikopter werden für die Verwendung der NVGs adaptiert, jeder für sich maßgeschneidert. Die wesentliche Änderung: Alle Anzeigen im Cockpit werden mit einer grünlichen Spezialfolie abge-

Was auf einem Foto spektakulär aussieht, ist für Piloten bei Nacht ein Horror: je mehr Licht und Streulicht, desto schwieriger die Orientierung.

Nachtsichtbrillen bestehen aus zwei Komponenten: dem klappbaren Linsensystem vorne am Helm und dem Batteriepaket hinten.

deckt, die tagsüber nicht stört, aber bei Nacht das produzierte Streulicht deutlich reduziert. Ein dunkles Cockpit ist lebenswichtig für den Piloten und den Flugretter auf dem Co-Piloten-Sitz: Jedes stark leuchtende Lämpchen würde deren Konzentration stören.

Nachtflüge bedeuten auch ein Mehr an logistischem Aufwand. Der perfekte Start Richtung Einsatzort beginnt bereits vor dem Abheben – aus einem möglichst beheizten Hangar. Nicht nur beim Auto ist Eiskratzen unangenehm. Doch genau diese Details sind entscheidend: Eine schlierenfreie Frontscheibe kann sich während eines heiklen Bergeauftrags zur Überlebensversicherung entwickeln.

Wesentlicher als bei Tag, wenn das Team aus Piloten und Flugrettern dank Sicht und lokaler Ortskenntnis mit schlafwandlerischer Sicherheit fliegt, sind bei Nacht die Autopilotsteuerung und das Satellitennavigationssystem, das jeder nachtflugtaugliche Notarzthelikopter an Bord hat. Digitalisierte Karten erleichtern das Finden der Route. Ein *Moving Map System* spielt die aktuelle Darstellung von Hindernissen ein, etwa Hochspannungsleitungen, Seilbahninfrastruktur oder Windräder. Basis ist in Österreich eine Kartei mit allen Luftfahrthindernissen, die seit 1995 geführt wird. Kartenmäßig setzen Rettungsorganisationen auch auf Eigenentwicklungen. Die schweizerische Rega führt eine eigene Hindernisdatenbank, die mit dem Navigationssystem verlinkt ist.

Stets ist die Rettungsfliegerei auf der Suche nach neuen Innovationen. Die ÖAMTC-Flugrettung etwa konstruierte mit der österreichischen Firma Panomax nachtsichttaugliche Wetterkameras: Diese liefern rund um die Uhr auf Basis von Spiegelreflexkameras alle zehn Minuten hochaufgelöste Bilder von kritischen Regionen und Geländeteilen. Über 50 Kameras sind mit Anfang 2021 in Betrieb, vor allem dort, wo der ÖAMTC im 24-Stunden-Betrieb agiert. Die entstehenden Bilder werden nicht ins Cockpit eingespiegelt: Der Pilot checkt sie vor dem Abflug als Entscheidungsgrundlage. Reinhard Kraxner, der GF der ÖAMTC-Flugrettung, erklärt das so: »Ein visuelles Bild hat für einen Sichtflieger immer noch die höchste Aussagekraft.«

State of the Art ist bei allen Rettungsflugunternehmen der Zugriff auf Satellitentechnologie zum Erkennen von störenden Hochnebelfeldern und die Verwendung von Blitzortungssystemen. Wetterdienste bieten ihre Daten im jeweiligen Einsatzgebiet nahezu in Echtzeit an, die Piloten greifen dann via Tablet (Electronic Flight

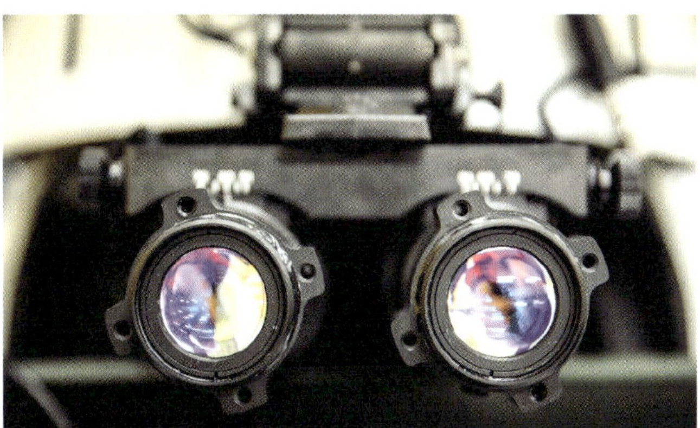

Ein elektronisches System, das Restlichtverfahren, holt noch aus totaler Finsternis Information. Das Bild kriegt jedoch beim Blick durch die Speziallinsen einen Grün- oder Weißstich und ist nur zweidimensional.

Bag, das digitale Bordbuch) von unterwegs auf die Informationen zu. Die Crew erlebt die Zusammenarbeit bei Nacht besonders intensiv. Bei Tag ist es im Cockpit nämlich ziemlich still: Der Pilot fokussiert auf sein Ziel, der Flugretter am Co-Piloten-Sitz bedient den taktischen Funk und der Notarzt ist in Gedanken längst beim Patienten, auch wenn er von dem noch nicht allzu viel weiß. Bei Nacht hingegen tragen Pilot und Flugretter ihre Nachtsichtbrillen, der Notarzt in der zweiten Reihe aber nicht. Er sieht nicht nur nichts, er sitzt auch im Dunkeln: Wegen der NVGs wird ja jede Lichtquelle im Hubschrauber weggeschaltet.

Damit der Notarzt aber nicht im Blindflug Passagier ist, liefern ihm Pilot und Co-Pilot die Untertitel zur stockfinsteren Szenerie und kommentieren das Gelände. Je komplexer der folgende Einsatz, desto mehr wird kommuniziert. Eine Winden- oder Taubergung bei Nacht, im Licht der Bordscheinwerfer und einer selektiven, oft nur spärlich ausgeleuchteten Landezone, garniert mit Wind und Kälte: Das funktioniert nur, wenn jeder jedem perfekte Kommandos gibt.

Die Anzahl der Nachteinsätze nimmt immer mehr zu. Die deutsche DRF-Gruppe, zu der neben der DRF Luftrettung auch die österreichische ARA Flugrettung und die Liechtensteiner AP^3 Luftrettung gehören, betreibt bereits 14 Rund-um-die-Uhr-Basen; etwa ein Drittel ihrer gesamten Einsätze sind Nachteinsätze. Schon vor Jahren hat die DRF Luftrettung deswegen spezielle Verfahren für den Anflug von Einsatzorten bei Nacht entwickelt, Nachtsichtbrillen wurden von ihr als erstem zivilen Betreiber in der Luftrettung eingesetzt.

Die Schweizerische Rettungsflugwacht Rega fliegt aktuell ein Viertel ihrer Einsätze in der Nacht. Seit über 30 Jahren setzen die Schweizer dafür Nachtsichtgeräte mit einem größeren Sichtfeld ein, die für ihre Bedürfnisse entwickelt wurden.

Für Österreich schätzt der GF der ÖAMTC-Flugrettung, Reinhard Kraxner, dass mit sechs bis sieben 24-Stunden-Standorten ein tragfähiges Primärrettungsnetz gesponnen werden kann. Aktuell sind von 17 Standorten nur zwei rund um die Uhr aktiv (Krems, St. Michael, jeweils im Zwei-Schicht-Betrieb). An drei weiteren Standorten (Wien/Graz bis 20 Uhr, Klagenfurt bis 21 Uhr) wird immerhin an den Rand der »schwarzen Luft« geflogen. Ausbildungstechnisch ist man für mehr gerüstet: Alle Christophorus-Piloten besitzen eine Nachtflugberechtigung.

7

REPORTAGE

Dünne Luft

Die Flugretter der Air Zermatt kämpfen im Hochgebirge um das Leben von Verletzten. Unter Zeitdruck. Nachts. In 7000 Meter Höhe. Ihre wichtigste Lektion lernen die Retter in der Küche.

Text: Andreas Rottenschlager

Den schwierigsten Einsatz seiner Karriere fliegt Air-Zermatt-Pilot Tom Pfammatter im Sommer 2005 wegen einer Windjacke. Pfammatter, damals 35, soll einen Wanderer bergen, der am Fuß des Rhonegletschers abgestürzt ist. Als der Notruf eingeht, sitzt er bereits beim Abendessen in der Kantine.

Pfammatter steigt in das Cockpit seines karminroten Eurocopter, Typ EC135. Notarzt und Sanitäter zwängen sich hinter ihm in den Laderaum. Pfammatter lässt die Triebwerke an. Dann klappt er das Nachtsichtgerät über seine Augen.

Rettungsflüge im Gebirge sind höchst riskant. Jeder Windstoß bringt den Helikopter ins Schaukeln. Steinschlag bedroht das Leben der Crew. Nachts manövriert der Pilot in schwierigstem Gelände

Air-Zermatt-Rettungshelikopter am Matterhorn: Gebirgsfliegerei ist mit Wissen allein nicht zu beherrschen.

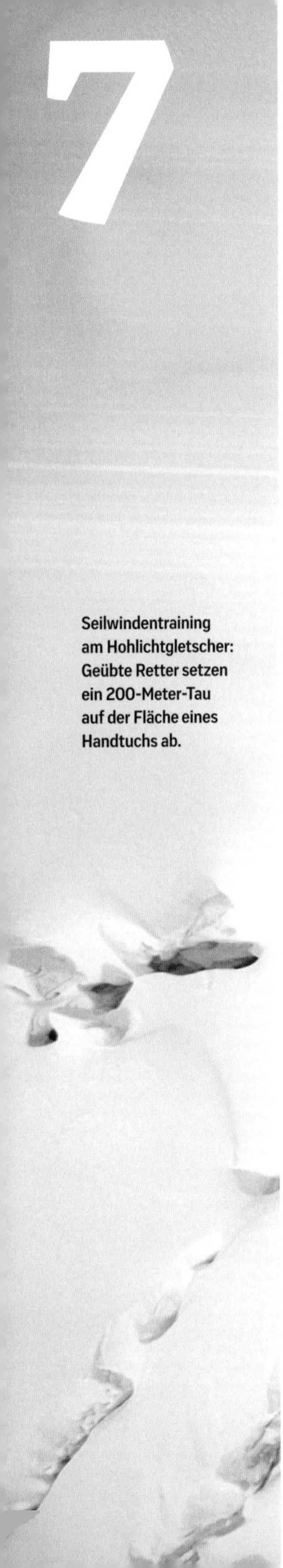

Seilwindentraining am Hohlichtgletscher: Geübte Retter setzen ein 200-Meter-Tau auf der Fläche eines Handtuchs ab.

ohne Referenzpunkte, und das bei begrenzter Sicht. »Uncool« nennt Pfammatter solche Einsätze.

»Als wir den Taleingang erreichten, gab das Nachtsichtgerät seinen Geist auf. Es war eine mondlose Nacht. Das Gerät bekam zu wenig Restlicht. Alles, was ich sah, war schwarz-grüner Brei.«

Pfammatter lässt den Heli am Taleingang schweben. Ohne Nachtsichtgerät ist er blind. Oben am Gletscher erfriert ein Mensch.

»Mir fiel die Stromleitung ein, die durch das Rhonetal zum Gletscher führt.« Pfammatter schaltet den Bordscheinwerfer ein. Der Lichtkegel ist zu schmal, um das Tal für den Weiterflug auszuleuchten. Aber breit genug, um nach der fingerdicken Leitung zu tasten. Pfammatter balanciert den Heli drei Meter über dem Kabel aus. Dann schiebt er sich Meter für Meter Richtung Gletscher. Das Stromkabel ist seine Leitlinie. Der Scheinwerfer sein Taststock.

30 Minuten später zieht der mitfliegende Sanitäter den zitternden Wanderer an Bord. Pfammatter wendet den Helikopter. Das Krankenhaus in Visp erreicht er mit dem letzten Tropfen Kerosin.

»Am nächsten Tag erzählte uns der Mann, dass er an der Passstraße Fotos machen wollte und seine 300-Euro-Jacke dabei über die Leitplanke fiel. Er kletterte ihr nach und stürzte ab. Das war der Grund für unseren Einsatz.«

Verzweifelt man als Retter oft? »Nein«, sagt Pfammatter, »weil ich keine Unfälle hinterfrage. Ich bin Pilot und fliege Retter von A nach B.«

Zermatt, ein kalter Märzmorgen: Der Heliport sitzt auf einem Felsvorsprung am Ortsrand. Im Besprechungsraum der Air Zermatt – abgesessenes Sofa, schmale Küchenzeile – riecht es nach Spülmittel und Kaffee. Tom Pfammatter sieht zehn Jahre jünger aus als 45. Seit 20 Jahren fliegt er Einsätze. Er sagt, er habe lernen müssen, unter extremem Druck Entscheidungen zu fällen. »Gebirgsfliegerei ist ein komplexes System«, sagt er, »du kannst es nicht allein mit Wissen beherrschen. Wichtiger ist Intuition und das Erkennen von Zusammenhängen. Dafür brauchst du jahrzehntelange Erfahrung.«

Die Geschichte der Air Zermatt beginnt 1968. Ihr erster Heli parkt in einem Holzschuppen. 1971 fliegt ein Air-Zermatt-Pilot die erste Rettung aus der Eiger-Nordwand. 2010 stellt Pfammatters Kollege Daniel Aufdenblatten den Rekord für die höchste Helikopterrettung auf (7010 Meter, von der Annapurna in Nepal).

VICTORINOX

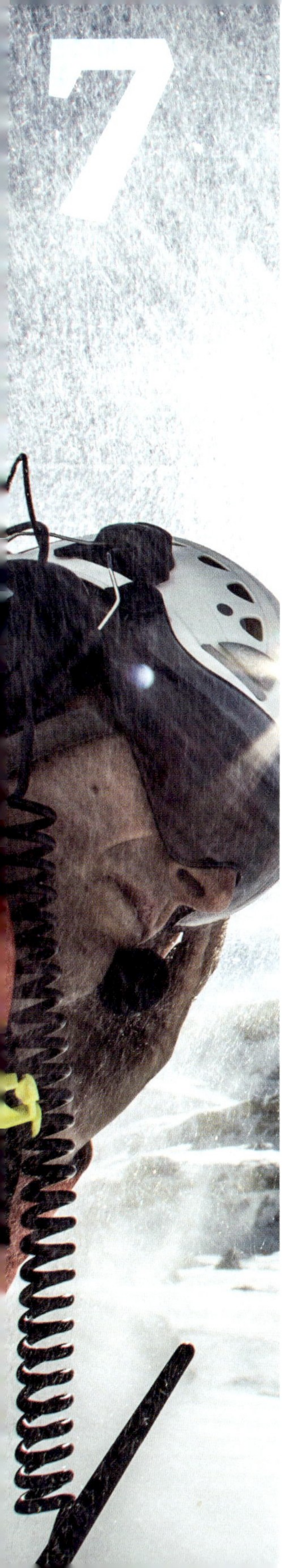

Dreimal wurde der Staffel der Heroism Award verliehen, die höchste Auszeichnung für Einsätze in der zivilen Luftrettung.

Die Ausbildung zum Piloten dauert fünf Jahre. »Du beginnst mit Panoramaflügen um das Matterhorn«, sagt Pfammatter. »Dann übst du Lastenflüge mit einem Kabel mit Lasthaken: Baumstämme, Rohre, Kühe. Bis dir dein Sanitäter den ersten Verletzten an die Winde hängt, hast du mehr Erfahrung als die meisten Flugretter im Rest der Welt.«

Pfammatter kann ein 90 Stockwerke langes Rettungsseil auf der Fläche eines Handtuchs absetzen und den Flugwinkel seines Helikopters an Grasbüscheln im Gelände ausrichten.

Was Pfammatter nicht kann, ist über Leben und Tod entscheiden. »An guten Tagen siehst du abends in den Spiegel und hast zehn Leute gerettet. An schlechten Tagen meldet die Einsatzzentrale Tote, und du fliegst Leichensäcke auf den Berg.«

Pfammatter hat viele gute Tage als Pilot erlebt, aber auch einige sehr schlechte. Er hat tote Kinder geborgen und im Cockpit seiner Maschine geweint.

Wie man die sehr schlechten Tage vergisst? »Laufen«, sagt Pfammatter. »Zunächst langsam, dann sprinten. Bis du völlig erschöpft bist und ins Bett kippst. Am nächsten Tag stehst du auf und kletterst wieder in dein Cockpit.«

Im Einsatzgebiet der Air Zermatt stehen 41 Viertausender – mehr als in jeder anderen Gebirgsgruppe Europas. 1500 Mal rückt die Staffel pro Jahr aus. Verunglückt ein Alpinist abseits der Wanderwege, fordert die Zentrale Bergführer zur Suche an. Unten im Tal klingelt dann das Handy von Anjan Truffer.

Der Bergführer und Rettungschef der Rettungsstation Zermatt ist ein Mann mit breitem Kreuz und tellergroßen Händen. Der Leiter der technischen Bergrettung im Air-Zermatt-Trainingscenter wuchs unten im Dorf auf. Das Matterhorn hat Truffer 150 Mal bestiegen.

Bei Notfällen landet der Air-Zermatt-Helikopter direkt hinter Truffers Haus im Garten. Mit Steigeisen, Felshaken und Schlingen am Rücken fliegt der 40-Jährige ins Gebirge. »Von meiner Wohnzimmercouch in die Matterhorn Nordwand in sieben Minuten.«

Truffer ist oft der Erste, der Verletzten Mut spendet. Besonders fordernd sind Bergungen aus Gletscherspalten. »Die Leute fallen in einen V-förmigen Schacht und bleiben irgendwann stecken. Weil

Gletschereinsatz in den Walliser Alpen: Der Sanitäter weist den Piloten per Funkhelm ein.

ihre Körper Wärme abgeben, schmelzen sie in den Gletscher. Dann stecken sie in einem Panzer aus Eis, und ihre Körpertemperatur beginnt zu sinken.«

Bei Spalteneinsätzen fliegt die Air Zermatt Stromaggregate auf den Berg. Mit einer elektrischen Winde werden die Retter an einem Seil in den Spalt gelassen. Dort stemmen sie Menschen aus dem Eis. Hilti-Schlagbohrer aus dem Baumarkt eignen sich dafür am besten.

Rund 40 Mal pro Jahr seilt sich Truffer in Spalten ab. Sein gefährlichster Einsatz? »1999 am Theodulgletscher. Ein Snowboarder war abgestürzt. Beim Abseilen merkte ich, dass an den Wänden riesige Eiszapfen hingen. Wenn du deinen Fuß draufsetzt, brechen mehrere Tonnen Eis weg. Ich musste um sie herum nach unten klettern. Irgendwann verschwand über mir der Lichtspalt.« Truffer erreicht den bewusstlosen Snowboarder in 85 Meter Tiefe, 24 Stockwerke unter Tag. »Sein Kopf war beim Sturz gegen die Spaltenwand geschlagen. Ich fand den Mann nur, weil ich seiner Blutspur folgte.«

Truffer bindet ihm ein Dreieckstuch um die Hüften. Dann funkt er an die Oberfläche. Behutsam ziehen seine Kollegen ihn nach oben. Der Snowboarder überlebt den Sturz. Er hat sich nie bei Truffer gemeldet.

»Der Job rückt deine Sicht aufs Leben zurecht«, sagt Truffer. »Du ärgerst dich weniger im Alltag. Dein Nachbar fährt ein größeres Auto? In der Früh ist die Milchpackung leer? Wenn du in einer Gletscherspalte warst, weißt du, was ein richtiges Problem ist und was nicht.«

AIR ZERMATT IN ZAHLEN

1500 EINSÄTZE
fliegen die neun Rettungshelikopter der Air Zermatt im Durchschnitt pro Jahr. Rund 700 davon führen die Helfer abseits von Wanderwegen und Skipisten in ungesichertes Gelände.

14 PILOTEN
fliegen hauptberuflich für die Air Zermatt. Dazu kommen 15 Rettungssanitäter, mehr als ein Dutzend Mechaniker und ein Pool aus 40 Freelance-Ärzten. Sitz der Staffel ist der Heliport Zermatt.

7010 METER
Höchste Helikopterrettung der Air Zermatt. Durchgeführt im April 2010 auf der Annapurna im Himalaya. Pilot Daniel Aufdenblatten erhielt für seinen Einsatz den Heroism Award.

16 GRAD
Tiefste Körpertemperatur eines Verletzten, den Air-Zermatt-Chefarzt Axel Mann aus einer Gletscherspalte barg. »Der Mann heiratete später seine Krankenschwester.«

Das Büro von Air-Zermatt-Chef Gerold Biner hängt wie ein Vogelnest unter dem Dach des Hangars. Biner, 50, ist ein drahtiger Mann mit spitzen Augenbrauen. Seit 25 Jahren fliegt er Einsätze im Gebirge. Außerdem exportiert er das Know-how der Schweizer in die höchsten Berge der Welt.

Seit 2010 bildet die Air Zermatt in Nepal Rettungsflieger aus. Biner und seine Kollegen flogen die ersten Übungsstunden. Auf YouTube sieht man ihn über den Felsgraten des Himalayas schweben. Die Sauerstoffflasche an den Sitz geschnallt. Biners Flüge waren Pionierarbeit. »Ab 6000 Metern fliegt der Helikopter im Grenzbereich«, sagt Biner. »Die Luft ist dünn. Die Rotorblätter finden weniger Widerstand. Geht was schief, kannst du bei Landemanövern nicht mehr hochziehen. Der Maschine fehlt dort oben die Power.«

Fliegende Intensivstation: Zur Ausrüstung an Bord zählen Reanimations- und Beatmungsgeräte.

Rettungspilot Tom Pfammatter (links) flog seinen schwierigsten Einsatz 2005 am Rhonegletscher. Air-Zermatt-Chef Gerold Biner (rechts) holte schon Bergsteiger vom Mount Everest.

Biner flog im Himalaya Seilbergungen in knapp 7000 Meter Höhe. Am Mount Everest barg er zwei tote Bergsteiger aus Camp II (6500 Meter hoch). Am Dhaulagiri, dem siebthöchsten Berg der Welt, rettete er fünf Chinesen mit der Seilwinde.

In der Schweiz sucht Biner neue Retter für die Air Zermatt aus. Jährlich gehen Hunderte Bewerbungen ein.

Biner muss Menschen auswählen, denen er das Leben seiner Kollegen anvertrauen kann. Eine Frage, die er bei Bewerbungsgesprächen immer stellt: »Wie oft haben Sie in Ihrem letzten Job freiwillig die Küche geputzt?« Bergretter müssen sich immer auf ihre Kollegen verlassen können, sagt Biner.

Diese Reportage erscheint mit freundlicher Genehmigung des Magazins The Red Bulletin. *Sie erschien dort erstmals in Ausgabe 11/2015.*

Ein Air-Zermatt-Sanitäter fasst nach der Longline: Jetzt wird alles gut.

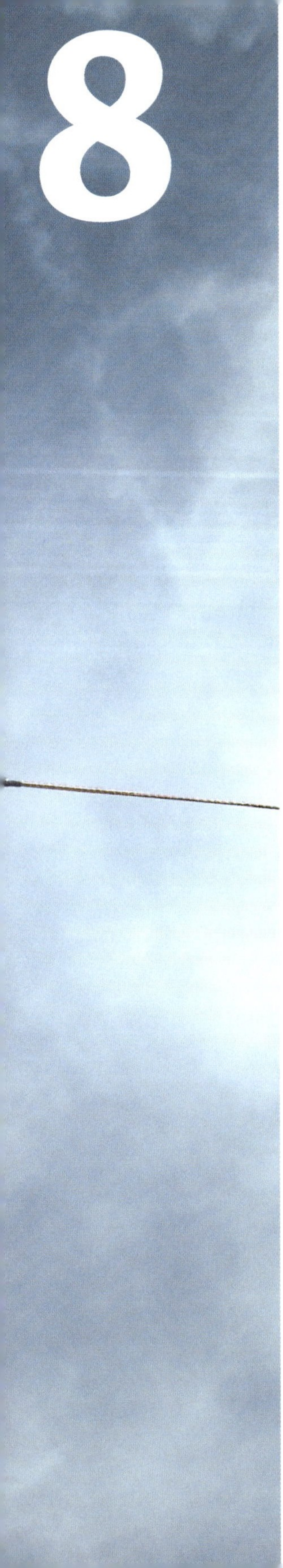

8

PORTRÄTS

Die vier im Cockpit

Die Besatzung eines Rettungshelikopters besteht je nach Bergeauftrag aus drei bis vier Spezialisten: ein Team, in dem jeder sich auf den jeweils anderen blind verlassen kann.

Jürg Fleischmann, Pilot

Artur Köb, Flugretter

Dr. Katharina Spora, Notärztin

Christian Zlöbl, Windenoperateur

1. DER PILOT: JÜRG FLEISCHMANN

»Wenn man denkt, man hat alles im Griff, dann wird es gefährlich.«

Herr Fleischmann, wann flogen Sie Ihren ersten alpinen Einsatz mit einem Rettungshelikopter?

JÜRG FLEISCHMANN: Ich habe 1985 meine Hubschrauberausbildung bei der Schweizer Luftwaffe beendet und bin zur Rega gegangen, zur Schweizer Rettungsflugwacht. Ab diesem Zeitpunkt bin ich auch alpine Rettungseinsätze auf verschiedenen Basen geflogen.

Gab es für Sie ein spezielles Training bei der Rega?

Ja, wir mussten im Rahmen der medizinischen Ausbildung vier Wochen in einem Spital arbeiten, um die Angst zu verlieren. In der AAA machen wir das heute noch: Kommt ein neuer Pilot, der noch nie in der Rettung geflogen ist, begleitet er in einem Spital einen unserer Ärzte zwei, drei Wochen lang.

> Kommt ein neuer Pilot, der noch nie in der Rettung geflogen ist, begleitet er in einem Spital einen unserer Ärzte zwei, drei Wochen lang.

Wohin führte Sie Ihr erster alpiner Rettungsflug?

Das war eine Windenbergung an der Eiger-Nordwand, ein Bergsteiger war ins Seil gestürzt – und hat überlebt. Da hat man mich ins kalte Wasser geworfen. Es war um Weihnachten, es war windig, das Wetter war aber von den Wolken her gut. Als ich weggeflogen bin, habe ich mir keine großen Gedanken gemacht, weil alle anderen Crewmitglieder das schon oft gemacht haben. Ich war nicht nervös, aber als ich zurück auf der Basis war, wurde mir klar: »Ups, das war jetzt der erste Liveeinsatz.«

Pilot Jürg Fleischmann: Auch wenn die Anspannung immer mitfliegt, gilt es stets, die Checklisten perfekt abzuarbeiten.

Welche Stimmung herrscht bei einem Einsatz im Cockpit?

Man kennt sich natürlich, denn wir sind mittlerweile ein eingespieltes Team. Einsätze laufen eigentlich sehr ruhig ab, Tag und Nacht sind aber verschieden. Bei Tag soll nur gesprochen werden, wenn es nötig ist, damit kein Geplapper entsteht. Nachts ist das anders. Der Pilot und der Rettungssanitäter, der neben dem Piloten sitzt, tragen beide Nachtsichtgeräte, der Doktor hinten hat keines. Der Kerl sitzt im Dunkeln, denn wegen der Nachtsichtgeräte schalten wir jegliche Lichtquelle im Hubschrauber aus, weil das stört. Und da müssen wir ihm sagen, was wir sehen: »Wir überfliegen eine Bergkuppe, wir fliegen an einer Felswand vorbei…« Wir machen nachts auch Windenbergungen: Das ist sehr anspruchsvoll, da wird noch mehr gesprochen.

Die Art des Einsatzes beeinflusst die Grundstimmung im Cockpit?

Wenn wir wissen, es geht um eine Reanimation oder einen abgestürzten Bergsteiger, der etwa mit der Winde gerettet werden muss, schaut sich der Arzt mit dem Rettungssanitäter bereits im Flug online das Einsatzprotokoll an. Das ist heutzutage der große Vorteil, dass wir direkt mit den Leitstellen verbunden sind. Wir machen uns unverzüglich auf zum Hubschrauber, starten möglichst schnell, und während des Fluges schauen wir uns an, ob Zusatzinformationen reinkommen. Je nachdem, wo der Einsatzort ist, kommt die Kabelsituation dazu, in der Schweiz ein großes Thema mit all den Transportseilbahnen, Hochspannungen und Leitungen. Das sind Punkte, die wir auf dem Hinflug besprechen. Während des Einsatzes weiß dann jeder, was er zu tun hat.

Fliegt die Anspannung mit?

Wir versuchen, möglichst schnell zum Patienten zu gelangen, aber es ist nicht so, dass wir angespannt sind oder irgendwas riskieren. Das würde dem Patienten nicht helfen, wenn wir nicht zu ihm kommen. Besteht die Gefahr, den Unfallort nicht zu erreichen, schauen wir frühzeitig, ob wir bodengebundene Kräfte von der Bergwacht oder Rettungsspezialisten in die Nähe bringen können. Die Luftretter werden immer als die Helden dargestellt, das ist für mich völlig falsch: Wir machen unseren Job, und dazu braucht es viele Leute, angefangen von der Leitstelle, die uns möglichst viele wertvolle Informationen zukommen lässt, bis zu den Leuten von der Bergwacht. In der Luftrettung sind auch bodengebundene Teams im Einsatz, die machen den gleichen Job wie wir.

Je nachdem, wo der Einsatzort ist, kommt die Kabelsituation dazu, in der Schweiz ein großes Thema mit all den Transportseilbahnen, Hochspannungen und Leitungen.

Das Wetter im Gebirge ist trickreich: Haben Sie jede Situation unter Kontrolle?

Wir Piloten kontrollieren den Hubschrauber, nicht er uns. Es ist das A und O, dass wir Wetter-, Wind- und Wolkensituationen den ganzen Tag permanent beobachten. Wir sitzen nicht beim Kaffee und warten, dass es klingelt. Diese Kontrolle ist heutzutage sehr gut machbar mit Webcams und Wetterportalen, mit denen wir online verbunden sind. Das war früher ganz anders, da haben wir vor dem Einsatz alle Berghütten durchtelefoniert.

Professionelle Luftrettung versucht, vor dem schlechten Wetter zu sein?

Ja, man will nicht, dass einen das schlechte Wetter einholt. Wir versuchen immer, einen Schritt voraus zu sein, damit wir nicht überrascht werden. Denn wenn wir einen Einsatz kriegen, irgendwo auf 3000 Metern, und kommen gar nicht hin, nützt das nichts. Wenn wir unsicher sind, informieren wir schon einmal die Leitstelle, dass die etwas Zeit hat, einen bodengebundenen Suchtrupp aufzubieten. Den fliegen wir dann auf eine Höhe, wo wir noch hinkommen.

Das Team ist also größer als die Anzahl der Leute im Hubschrauber ...

Genau. Müssten wir alle Informationen, die uns die Leitstelle zuspielt, selber sammeln, ginge viel Zeit verloren. Die machen viel gute Arbeit für uns, ohne die geht es nicht. Wir wären mutterseelenallein, müssten wir das nur zu dritt machen.

Wird ein Pilot mit jedem Einsatz entspannter?

Erfahrung hilft, aber man muss immer vorsichtig sein. Wenn man denkt, man hat alles im Griff, wird es gefährlich. Ich habe mir als ganz junger Pilot geschworen: Wenn ich das Gefühl habe, ich kann alles, dann gebe ich meinen Pilotenschein ab.

Ich habe mir als ganz junger Pilot geschworen: Wenn ich das Gefühl habe, ich kann alles, dann gebe ich meinen Pilotenschein ab.

Das klingt streng ...

Man muss immer mit dem Worst Case rechnen, vorbereitet sein auf Situationen, die man noch nie erlebt hat. Ich erlebe es jeden Tag: Auch wenn der heutige Einsatz so klingt wie der von gestern, er ist anders, sei es vom Wetter, vom Patienten, von der Umgebung her. Das ist die Gefahr, dass man denkt, ja, das gibt jetzt einen einfachen Einsatz. Dann wird's gefährlich, weil man nicht mehr voll bei der Sache ist.

Mit der Zeit sammeln sich wohl viele Schicksale im Hinterkopf an?

Ich glaube, da hilft man sich untereinander. Nicht nur die drei auf der Basis, sondern alle Mitbeteiligten, jede Abteilung in der Firma.

Wenn wir wo hinkommen und sind zu spät, sind auch wir traurig. Schwierig wird es, wenn Kinder verunglücken, die noch nicht einmal richtig im Leben gestanden sind. Wenn man das erlebt, wird es ganz ruhig auf dem Heimflug. Dann ist es wichtig, dass man sich untereinander wieder auffangen kann. Ich hatte vor drei Jahren im Winter einen Rettungseinsatz, nachts, weit drinnen im Österreichischen, weil wir die Einzigen waren, die das nachts schaffen konnten. Zwei 13-jährige Mädchen hatten sich verlaufen. Wir wussten, die überleben die Nacht nicht ohne uns und wir müssen jetzt alles versuchen. Die Mädchen konnten nachher unverletzt geborgen werden. Das sind dann schon Momente, da mag ich mich sehr gut an den Rückflug erinnern, da haben wir uns noch viele Gedanken gemacht. Wenn alles gut geht, kann es auf dem Heimflug auch mal lustig zugehen.

Gerieten Sie und Ihr Team bei einer Rettungsaktion schon in Lebensgefahr?

Wir hatten schwierige Einsätze, wo wir entscheiden mussten, ob wir weitermachen, weil es für uns hätte gefährlich werden können. Das versuchen wir zu vermeiden, indem wir früh genug Stopp sagen. Ist das jetzt nicht zu viel Risiko? Ist das Wetter zu schlecht? Was wir aber immer machen und da spreche ich für alle meine Kolleginnen und Kollegen: Wir versuchen immer einen Plan B, C und D in der Hinterhand zu halten, falls wir's nicht hinbekommen. Ich habe noch nie erlebt, dass wir gesagt haben, das ist es jetzt. Wir beraten uns dann mit den anderen Rettern und beratschlagen: Was können wir tun?

Also kommt Hilfe auf jeden Fall zu dem, der Hilfe braucht.

Das ist unser Ziel.

Wenn Sie Notfalleinsätze mit Ihrem Job als Kameraflieger oder Pilot von Businessflügen vergleichen: Was ist der größte Unterschied?

Ich alleine kann dem Opfer nicht helfen. Das ist das Schöne: Diese drei Leute im Hubschrauber brauchen einander, weil einer allein nicht helfen kann.

Wenn ich bei der VIP-Fliegerei Nein sage, kommt der Kunde etwas später mit einer Limousine an sein Ziel. In der Rettungsfliegerei hat dann aber ein Mensch eine schlechtere Überlebensmöglichkeit. Das ist im Hinterkopf immer dabei. Wir werden irgendwo hingeschickt, wo jemand Hilfe braucht. Der zu Rettende steigt auch nicht freiwillig zu uns in den Hubschrauber. Die Rettungsfliegerei hat einen ganz speziellen Platz, bei jedem Piloten. Der fliegerische Teil ist nicht der Hauptanteil, da sind wir der Chauffeur, um den Notarzt und den Rettungssanitäter zum Einsatzort zu bringen. Vor Ort helfen wir mit, wo es uns braucht.

Sie sind aber ein spezieller Chauffeur ...

Trotzdem fliege ich mit dem Hubschrauber die beiden medizinischen Spezialisten irgendwohin. Ich alleine kann dem Opfer nicht helfen. Das ist das Schöne: Diese drei Leute im Hubschrauber brauchen einander, weil einer allein nicht helfen kann.

Eignet sich jeder Pilot für Notfalleinsätze?

Nein. Wir hatten schon Piloten bei uns, die nach kürzester Zeit merkten, dass sie mit der Rettungsfliegerei nicht zurechtkommen. Denn auch wir kommen immer wieder einmal zu spät und müssen dann zusehen, wie Angehörige um ihr Familienmitglied trauern. Die Rettungsfliegerei ist schön, wenn man helfen kann. Die traurigen Momente gehören aber auch dazu.

Sie haben ein Unternehmen aufgebaut und sitzen wahrscheinlich mehr hinter dem Schreibtisch als im Cockpit. Was fasziniert Sie immer noch am Helfen?

Als ich die Firma vor 35 Jahren gegründet habe, war ich noch bei der Rega, als junger Pilot. Damals war es so: Wir waren zwei Piloten auf der Basis und haben dort gelebt, fünf Tage Arbeit, fünf Tage frei. Am Anfang war das fordernd: warten, bis was passiert, dann springen, machen, wieder zurückkommen, etwas auf den Grill legen, wieder warten. Irgendwann änderte sich das. Der zweite Pilot war gelernter Goldschmied und hat neben seiner Basiseinsätze ein kleines Goldschmiedeatelier geführt. Ich habe dann die Lions Air gegründet. Und ja, ich sitze für mich zu viel im Büro. Ich fliege aber selber noch jeden Monat sieben bis zehn Tage und bin dabei einer unserer Basen in Europa zugeteilt. Die Rettungsfliegerei lasse ich mir auch nicht nehmen. In die Gesichter zu schauen, wenn wir Menschen helfen konnten, das ist viel schöner, als irgendwo einen großen Auftrag an Land zu ziehen. Das ist mein Beweggrund, wieso ich immer noch fliege, und ich hoffe, das noch ein paar Jahre machen zu können.

Jürg Fleischmann

(Jahrgang 1963) besitzt seit 1985 die Hubschrauberlizenz und fliegt seit über 30 Jahren Notfalleinsätze. Der Schweizer ist Gründer und Mitinhaber der Lions Air Group AG. Diese betreibt die VIP- und Business-Airline Lions Air sowie den Rettungsdienst Alpine Air Ambulance AG (AAA). 2017 gründete die AAA mit der deutschen Luftrettung DRF und der österreichischen ARA Flugrettung die AP^3 Luftrettung (Basis Liechtenstein). Für seine Arbeit als Kamerapilot beim Red Bull Air Race wurde Fleischmann mit zwei Emmy Awards ausgezeichnet.

»Es muss eigentlich alles im Kopf sein.«

Herr Köb, wie lange schon helfen Sie Menschen in den Bergen?

ARTUR KÖB: Seit 1979, seit meinem 16. Lebensjahr.

Warum sind Sie zur Bergrettung gegangen?

Ich hatte mehrere Bekannte, die dabei waren, und habe mich entschieden, auch mitzumachen. Es gab damals einfach ein tolles Ausbildungsangebot. Die Idee war, dass man da in Not geratenen Leuten helfen kann.

Kommen Sie aus einem Umfeld, wo diese Art von Aktivität Tradition hatte?

Ich stamme aus Au, einem kleinen Ort im Bregenzerwald, wo ich einen Campingplatz betreibe. Dort war und ist es üblich: Man geht gemeinsam auf den Berg und auch gemeinsam zur Bergrettung.

Wollten Sie immer schon Flugretter werden?

Nachdem ich die Grundausbildung abgeschlossen hatte, war das mein nächstes Ziel, schon nach dem ersten Jahr. Ich habe intensiv darauf hingearbeitet. Es braucht einen gewissen Werdegang, dass man Flugretter werden kann: Da gibt es in Vorarlberg genaue Bestimmungen. 1982 war es für mich so weit.

Ich stamme aus Au, einem kleinen Ort im Bregenzerwald. Dort ist es üblich: Man geht gemeinsam auf den Berg und auch gemeinsam zur Bergrettung.

Hatten Sie ein Idealbild im Kopf von dieser Tätigkeit?

Das Fliegen im Hubschrauber hat sicher eine Rolle gespielt, aber auch die gesamte Ausbildung, die war einfach interessant. Man musste zuerst Alpinausbildner sein, dann brauchte man eine gewisse Erfahrung und musste eine gewisse Anzahl von Jahren dabei sein. Es gab damals erstmals einen Notfallsanitäterkurs, deshalb bin ich auch zum Roten Kreuz gegangen und habe diese Ausbildung dort abgeschlossen. Am Ende gab es die Ausschreibung zum Flugretter und da war ich im Auswahlverfahren bei den Besten dabei.

Flugretter Artur Köb: Vor 30 Jahren schauten die Helfer aus wie Bergwanderer, jetzt gleichen sie Raumfahrern.

Waren Flugretter damals bereits Co-Piloten so wie heute?

Das war vor 40 Jahren nicht so gefragt: Das Innenministerium stellte die Piloten, und die waren mehr oder weniger allein verantwortlich. Der Flugretter war zwar für alles rund um den Hubschrauber herum zuständig, wie die Absicherung, aber etwa das Funkgerät bedienen durfte man nur ganz vereinzelt. Damals hat man sich auf die Rettung und die Taubergung konzentriert. Jetzt rückt die Cockpitassistenz immer mehr in den Vordergrund ...

... und man nennt Sie auch nicht mehr Flugretter ...

... inzwischen bin ich HEMS Crew Member, Helicopter Emergency Medical Services Crew Member. Ich unterstütze den Piloten während des Fluges. Dazu assistiere ich als Notfallsanitäter dem Notarzt bei der Versorgung der Patienten und den Piloten bei den Bergungen, ich muss deshalb auch ausgebildeter Bergretter sein.

Das fliegerische Wissen mussten Sie deshalb im Lauf der Jahre nachlernen: Interessant oder eine Herausforderung?

Zum einen interessant: Es gab 2001 bei uns den Umstieg von einmotorigen zu zweimotorigen Hubschraubern. Zum anderen war die Geschichte spannend, es war fast ein Neuanfang. Die zweimotorigen Hubschrauber waren komplett anders ausgestattet und hatten ein Doppelcockpit. Wir hatten unsere Armaturen, auf die wir schauen mussten, mussten die Funkgeräte selber bedienen, Koordinaten eingeben und dergleichen, das hat man sich alles erarbeiten müssen. Vorher war etwa wichtig, dass jeder ortskundig war, da hat jeder gewusst, wo's hingeht. Jetzt gab es Navigationsgeräte, das war eine Riesenumstellung für uns alle. Das mussten wir sukzessive in Schulungen beim ÖAMTC mehr und mehr dazulernen.

Hat Ihnen die Technik Spaß gemacht?

Das hat mir Auftrieb gegeben, neue Maschinen, neue Technik. Was auch ein Punkt war: Es gab uns das Gefühl, dass wir ein bisschen aufgestiegen sind, weil wir doch den Piloten unterstützen durften. Es sind viele Dinge dazugekommen, die wir vorher nicht machen konnten – und auch nicht machen durften. Vorher waren die Rettungshubschrauber Maschinen des Innenministeriums, und da war schon in den Bereitschaftsräumen alles streng getrennt.

> Ich unterstütze den Piloten während des Fluges. Dazu assistiere ich als Notfallsanitäter dem Notarzt und muss auch ausgebildeter Bergretter sein.

Wie meinen Sie das?

Wir hatten gute Beziehungen zu den Piloten, aber das waren halt alles hochrangige Beamte, das ganze Prozedere war hierarchisch geordnet. Gewisse Sachen am Stützpunkt durften wir gar nicht machen, da hieß es: Finger weg. Der Einlass in die Einsatzstelle war tagsüber versperrt, man musste läuten, wenn man reinwollte, das war wie bei einer Polizeistation.

Als HEMS Crew Member sind Sie Schnittstelle zwischen Notarzt und Piloten. Wie viel müssen Sie von beidem verstehen?

Da ist von Jahr zu Jahr mehr dazugekommen. Anfangs durften wir grad ein bisschen auf die Armaturen schauen. Inzwischen sind wir schon so weit, dass wir den Piloten bei Notverfahren unterstützen: Wenn Warnleuchten aufleuchten oder eine Meldung auf dem Display erscheint, muss der Flugretter wissen, was zu tun ist. Und er muss den Piloten drauf hinweisen und gegebenenfalls die Checklisten vorbereiten. Das sind Tätigkeiten, für die wir jedes Jahr wieder die Schulbank drücken müssen. Wir haben auch sehr gute Möglichkeiten, um das nachzulesen: Der ÖAMTC hat hervorragende Plattformen gebildet, wo man sich informieren kann. Wir müssen auch jährlich Checks absolvieren und haben zudem alle drei Jahre ein Intensivtraining, bei dem die Verfahren sehr genau von Lehrern und Trainern überprüft und beobachtet werden.

Wieviel Arzt sind Sie geworden in Ihrer Zeit als Flugretter?

Das ist auch immer mehr geworden. Die Geräte sind moderner geworden, die Hubschrauber immer moderner ausgerüstet: Da muss der Flugretter mitziehen und sich vom Notarzt auf die Geräte einschulen lassen. Ich muss wissen, wie die medizinischen Geräte bedient werden, wo die Medikamente verstaut sind. Es muss eigentlich alles im Kopf sein. Wir müssen nicht alles können, aber die wichtigsten Funktionen der Geräte und Abläufe kennen.

Was ist für Sie der schwierigste Teil Ihrer Arbeit?

Das kommt immer auf das Einsatzfinale an. Ein Einsatz, der locker als Standard beginnt, kann binnen kürzester Zeit zu einem sehr schwierigen Einsatz werden. Es kann sich schlagartig das Wetter verändern, es kann sein, dass die Bergung speziell wird, was Steinschlag oder Lawinen betrifft. Ist man als Erster vor Ort, kann sich etwa bei einer eingeklemmten Person das Medizinische in den Vordergrund schieben. Beim schweren Alpinunfall kann es sein, dass alle drei Fakten gemeinsam auftreten – Wetterumschwung, schwierige Bergung und medizinische Herausforderung. Da ist man immer erst hinterher klüger …

Ein Einsatz, der locker als Standard beginnt, kann binnen kürzester Zeit zu einem sehr schwierigen Einsatz werden.

Haben Sie einen Einsatz im Gedächtnis, von dem Sie sagen: Das war das Schwierigste in meinen 38 Jahren als Flugretter?

In meiner Heimatgemeinde Au hatte ich einen Einsatz, noch mit dem Innenministerium, bei dem mussten wir für eine Taubergung unsere Kletterseile zusammenknüpfen. Ein Kletterer hatte sich verstiegen und ist dann auch kurz abgestürzt, in einer überhängenden Route. Ein Bauer hat beobachtet, dass da einer Lichtzeichen gibt in der Wand, und wir wurden alarmiert. Wir konnten die Bergung noch kurz vor dem Eindunkeln machen: Ich hing am Seil und der Pilot musste mich zweimal zum Verletzten hinschwingen, eben weil es überhängend war.

Das klingt dramatisch …

Ich musste den exakten Zeitpunkt abwarten, um den Verletzten zu schnappen und mich mit dem Karabiner einzuhängen. Dann habe ich sein Seil durchgeschnitten und wir sind zurück hinausgependelt. Hier ist eine perfekte Kommunikation mit dem Piloten erforderlich. Wir hatten damals 80 Meter Seil, das war schon sehr lang …

Wissen Bergretter und Flugretter immer genau, was der jeweils andere im Rettungseinsatz kann und will?

Selbstverständlich. Die Bergrettung Vorarlberg hat die Ausbildung der Bergretter schon immer so gemacht, dass diese am Ende den Alpinausbildnerstatus haben. Das heißt, wir bilden jene aus, die wieder die Jungen ausbilden. Ohne diese Ausbildung kann man sich nicht als Flugretter bewerben. Der Wissensstand aller ist immer gleich.

Gibt's Rivalität zwischen Boden- und Flugpersonal?

Überhaupt nicht. Vorarlberg war lange das einzige Bundesland, wo die Bergrettung einen eigenen Hubschrauber betrieben hat. Deswegen ist die Bergrettung auch ein bisschen stolz darauf. Es gab anfangs Aussagen in der Art von »Ja, das macht ohnehin der Hubschrauber, da braucht man uns nimmer!«, aber das hat sich sehr schnell gelegt. Es hat sich immer wieder gezeigt, dass der Hubschrauber nicht alles machen kann. Er ist schnell, er kann die Bergrettung sehr gut unterstützen, aber in der Nacht, bei schlechtem Wetter und in gewissen Situationen, wo man mit dem Hubschrauber nicht nahe genug herankommt, etwa in total bewaldetem Gebiet, gibt es immer wieder Einsätze, wo die Bodenrettung besser dran ist.

Die Bergrettung Vorarlberg hat die Ausbildung der Bergretter schon immer so gemacht, dass diese am Ende Alpinausbildnerstatus haben.

Die Berge werden zum Spielplatz für immer mehr Menschen. Bringt das speziellere Rettungssituationen mit sich?

Jein. Nehmen wir das Beispiel Paragleiten her. Als die Paragleiterei angefangen hat, hatten wir sehr viel Einsätze. Dann durfte keiner mehr mit dem Lift auf den Berg, der keinen Pilotenschein hatte. Dadurch ist die Unfallhäufigkeit wieder zurückgegangen und auch, weil die Leute besser ausgebildet worden sind. Das aktuelle Thema ist: Es gibt immer wieder neue Disziplinen. E-Bike-Fahren etwa ist eine Riesensportart momentan. Viele Leute leihen sich ein E-Bike aus und fahren auf den Berg, wo sie zu Fuß gar nicht hinaufkommen. Beim Runterfahren haut es sie dann halt – bitte um Verzeihung für das grobe Wort – auf die Goschn.

Man findet Sportler dann in Gegenden, wo nicht einmal die Bergrettung sie vermutet.

Dazu kommt: Speziell die Jüngeren haben mehr Freizeit und probieren Dinge aus – und dann passiert halt was. Wir haben in den letzten Jahren viele Leute aus Klettersteigen rausgeholt und sie gefragt: Seid ihr das erste Mal hier? Und die haben gesagt: Ja, wir haben uns heute kurzfristig dazu entschlossen und uns das Klettersteigset ausgeborgt. Und dann sind sie einen der schwierigsten Klettersteige gegangen, bis sie erschöpft waren. Die haben gewusst, dass man den Karabiner einhängen muss, aber mehr nicht, auch nicht, dass man dafür Kondition braucht.

Es sollten also nur Menschen auf den Berg dürfen, die eine gewisse Grundausbildung für das haben, was sie machen wollen?

Sie sollten sich zumindest den Wetterbericht anschauen und sich vorbereiten darauf, was passieren könnte. Es muss nicht jeder ein Profi sein, aber man braucht gewisse körperliche Voraussetzungen. Es trauen sich nach wie vor viele einfach zu viel zu.

Viele Einsätze verlaufen positiv, doch manche finden auch ein böses Ende. Wie bekommt man die aus dem Kopf?

Da ist jeder anders. Ich weiß nicht, warum, aber ich kann das sehr gut verarbeiten – und mein schlimmstes Erlebnis waren vier Tote an einem Tag. Es kommt immer darauf an, in welcher Beziehung du zu den Patienten oder Verstorbenen stehst. Wenn du die nicht kennst, tust du dir wesentlich leichter. Kennst du aber nur einen Angehörigen, ist das schon wieder ganz anders, geschweige, wenn es dein Nachbar ist oder ein Freund. Dieses Glück hatte ich bisher, dass ich keinen Todesfall hatte von einem Bekannten. Mit den Jahren fühlt man sich da einfach hinein und lernt, mit diesen Sachen umzugehen. Wobei ich betonen möchte: Wir kriegen alle Hilfen, die wir brauchen, und wir kriegen sie zu jeder Zeit. Wir haben auch den Vorteil, dass wir immer gleich einen Notarzt dabeihaben, der auch für die Nachbesprechung da ist. Die bringt sehr viel, wenn sie gleich passiert, solange die Erinnerung noch frisch ist.

Artur Köb

(Jahrgang 1963) ist seit 38 Jahren Flugretter mit über 3700 Flugrettungseinsätzen und leitender Flugretter im Stützpunkt Christophorus 8 in Nenzing/Galina (Ö). Zudem ist Köb Flugrettungsreferent der Bergrettung Vorarlberg, die zwei Notarzthubschrauber betreibt, und Ground Operations Manager bei Wucher Helicopter.

»Sobald ich in der Luft bin, fühle ich mich fast immer wohl.«

Warum wurden Sie Notärztin?

DR. KATHARINA SPORA: Eigentlich war es immer schon mein Traum, Hubschraubernotärztin zu werden. Ich bin vorbelastet durch meinen Papa, der praktischer Arzt und Bergrettungsarzt war. Wenn er von einem Einsatz zurückgekommen ist, vor vielen Jahren, als ich noch ein kleines Mädchen war, musste er mir immer alles genau erzählen, da ich es sehr spannend fand. Es gab dann aber eine Art Schlüsselerlebnis, als ich im Krankenhaus Zell am See Famulantin war. Als ich entlang des Zeller Sees zum Dienst geradelt bin, war ein Hubschrauber im Landeanflug zum Zeller Krankenhaus, dieses Erlebnis hat meinen Traum bestärkt. Ich habe dann den direkten Weg gewählt: Ausbildung zur Allgemeinmedizinerin und weiter Richtung Anästhesie, von der die Notfallmedizin ja ein Teil ist.

Weshalb sind Notärzte oft Anästhesisten?

Wir Anästhesisten haben tagtäglich im OP mit Intubationen zu tun und auch mit hochpotenten Medikamenten, die in der Notfallmedizin häufig verwendet werden. Die Intensivmedizin gehört ja auch zur Anästhesie. Es ist unser Alltag, schwer verletzte oder erkrankte Patienten zu versorgen, das geht von schweren Verkehrsunfällen, Herzinfarkten bis hin zu Infektionen, die lebensbedrohlich werden können. Als Notärzte werden wir zu genau solch kritischen Patienten gerufen, die wir dann zu versorgen haben.

Die Intensivmedizin gehört ja auch zur Anästhesie. Es ist unser Alltag, schwer verletzte oder erkrankte Patienten zu versorgen.

Dr. Katharina Spora (rechts) wartet auf den »Lift«.

Absolvierten Sie eine spezielle Ausbildung?

Die Notarztausbildung 2012 war für mich ein einwöchiger Kurs in Bad Gastein, der mit einer Prüfung und Supervisionstagen am Notarztwagen abgeschlossen wurde. Inzwischen ist die Ausbildung deutlich ausgeweitet worden. Für die Flugrettung musste ich dann eine Alpinausbildung machen, mit Klettern, Gletscher- und Seilkunde. Dazu wurden am Hubschrauber Taubergungen geübt und das angestützte Ein- und Aussteigen (*Anm.:* Kann ein Hubschrauber im steilen Gelände nicht landen, setzt der Pilot nur eine Kufe auf). Bevor man allein verantwortlich im Notarzthubschrauber fliegen darf, fliegt man einige Tage mit einem erfahrenen Notarzt mit.

Gab es während der Ausbildung einen Zeitpunkt, an dem Sie gezögert haben, ob dieser Job der Richtige ist?

Diesen Moment der Unsicherheit hat es nie gegeben. Ich mag Herausforderungen, deshalb war und ist dieser Job genau das Richtige für mich. Was für mich von Anfang an immer klar war: Ich setze mein Leben nicht unnötig aufs Spiel. Es hat Einsätze gegeben, die zum Beispiel wetterbedingt zu gefährlich waren und abgebrochen wurden. Dann muss ein anderer Weg zum Verunglückten gefunden werden.

War Flugangst je ein Thema am Arbeitsplatz Helikopter?

Nein. Sobald ich in der Luft bin, fühle ich mich fast immer wohl. Ich vertraue unseren erfahrenen Piloten. Vor einigen Jahren gab es einmal eine Situation, wo ich ein etwas mulmiges Gefühl hatte, als wir entlang einer Gewitterzelle geflogen sind. Nach dem Einsatz habe ich das mit dem Piloten besprochen, der mir aus flugsicherheitstechnischer Sicht alles erklärt hat. Das ist für mich eines der wichtigsten Dinge, eine offene Kommunikation untereinander, weil wir natürlich immer wieder im Grenzbereich unterwegs sind.

Ist eine Landung im Gelände unmöglich, wird der Arzt schwebend abgesetzt. Auch hier keine mulmigen Gefühle?

Bevor man allein verantwortlich im Notarzthubschrauber fliegen darf, fliegt man einige Tage mit einem erfahrenen Notarzt mit.

Grundsätzlich nicht, aber es muss immer gut überlegt sein, ob es etwa in steilem Gelände wirklich sicher ist, schwebend auszusteigen. Selbst als erfahrene Notärztin ist es mir passiert, dass ich den mir gut bekannten *Downwash* des Hubschraubers im ausgesetzten Gelände unterschätzt habe. Da hat mein Herz schneller geschlagen.

Nennen Sie die wesentlichen Eigenschaften für Ihre Arbeit.

Teamfähigkeit ist definitiv eine der wichtigsten Komponenten. Nur so kann meiner Meinung nach gute und sichere Notfallmedizin funktionieren. Wenn ich als leitende Notärztin am Hubschrauber Martin 6 junge Kollegen einschule, sage ich immer: »Teamarbeit und respektvoller Umgang haben höchste Priorität.« Gelassenheit ist ein weiteres Schlagwort. Man muss die Nerven in Grenzsituationen und unter Stress behalten. Zügig Entscheidungen zu treffen, ist ebenfalls unerlässlich – und du brauchst ein realistisches Einschätzungsvermögen für das eigene Können, speziell im alpinen Bereich ist das sehr wichtig.

Teamfähigkeit ist definitiv eine der wichtigsten Komponenten. Nur so kann gute und sichere Notfallmedizin funktionieren.

Wie sieht die normale Einsatzplanung eines Notarztes aus?
Wir sind normalerweise um sieben Uhr am Stützpunkt. Zuerst wird das Equipment auf Vollständigkeit und Funktion kontrolliert. Um 7.30 Uhr erfolgt die Anmeldung bei der Leitstelle. Wenn wir alarmiert werden, wissen wir prinzipiell Bescheid, um welchen Notfall es sich handelt. Was ist passiert? Wo müssen wir hin? Ist es im Gelände oder in einem Altersheim? Während der Startphase sind Pilot und Flugretter mit Flugeinsatzplanung und Koordinateneingabe beschäftigt, ich kann mich auf den Notfall vorbereiten. Geht es etwa zu einem Kindereinsatz, arbeitet man natürlich eine andere Checkliste durch als bei einem Skiunfall. Kindernotfälle sind immer speziell, da notiert man sich noch Dinge auf dem Hinweg, etwa Dosierungen oder die korrekte Tubusgröße für eine mögliche Intubation.

Wie läuft dann der Einsatz ab?
Nach Sichtung des Notfallortes durch den Piloten und den Flugretter wird entschieden, ob eine normale Landung, ein schwebendes Aussteigen oder eine Taubergung notwendig ist. Nach Erhebung des Verletzungsmusters oder der Erkrankung wird der Patient versorgt und transportfähig gemacht. Der Hubschrauber ist dafür wie eine kleine Intensivstation ausgestattet und ermöglicht die Versorgung von Schwerstverletzten und Schwerkranken. Im Anschluss wird entschieden, welches Krankenhaus angeflogen wird, je nach Schweregrad des Notfalls. Nach Rückkehr erfolgt die Dokumentation der medizinischen Versorgung und das Auffüllen der verwendeten Materialen.

Wie viele Einsätze haben Sie pro Tag?
Durchschnittlich fliegen wir drei, vier Einsätze. Mein Tagesmaximum waren bisher neun Einsätze innerhalb von zehn Stunden, in einem Februar. Das ist außergewöhnlich und eine große Herausforderung, da zwischendurch das medizinische Equipment aufgefüllt und der Hubschrauber getankt werden muss. Zum Essen und Trinken bleibt wenig bis gar keine Zeit. Im Lockdown-Winter 2021 hatten wir aber auch viele Nuller, also keine Einsätze. Dieses Absitzen am Stützpunkt kann sehr mühsam sein. Als leitende Notärztin habe ich da allerdings ohnehin viele organisatorische Dinge zu erledigen – Dienstplangestaltung, Evaluieren von Medikamenten, Akquirierung neuer Notärzte.

Ist der Sommer prinzipiell ruhiger?

Durch den Sommertourismus und den Boom der alpinen Sportarten sind die Einsatzzahlen in den letzten Jahren stetig gestiegen. Wir haben teilweise gleich viele Einsätze wie im Winter.

Spitalsärzte haben die volle Infrastruktur, Notärzte im Helikopter müssen kreativ sein. Wie erleben Sie diese Diskrepanz?

Man kann die Arbeit in der Klinik und der Notfallmedizin nicht vergleichen. Speziell als Notärztin am Hubschrauber ist es gelegentlich der Fall, dass man allein auf sich gestellt ist, da der Flugretter primär nicht am Einsatzort mit anwesend ist. In diesem Fall fällt die komplette Versorgung des Notfallpatienten auf mich, das kann zur Herausforderung werden. Meine jahrelange Erfahrung und Praxis kommen mir in solchen Situationen zugute.

Wird ein Patient trotz weniger Ausrüstung perfekt behandelt?

Durch festgelegte Algorithmen, Abläufe und die klinische Erfahrung ist es möglich, den Patienten schnellstmöglich zu untersuchen und eine grobe Diagnose zu stellen. Mit unserem Notfallequipment wird der Patient dann bestmöglich erstversorgt und behandelt. Der schnelle Transport mit dem Notarzthubschrauber in das korrekte Zielkrankenhaus ist dann wichtig, damit kann die begonnene Behandlung bestmöglich weitergeführt werden.

Ist die Enge im Hubschrauber ein Problem bei der Arbeit?

Die primäre Versorgung findet in den meisten Fällen außerhalb statt. Da ist der wenige Platz im Inneren nicht ganz so relevant.

Wie lässt man Unfallereignisse emotional nicht zu weit an sich heran? Man erlebt sie ja unmittelbarer als im Krankenhaus.

Da komme ich wieder aufs Team zurück. Man verbringt viel Zeit am Stützpunkt, redet viel, tauscht Gedanken aus, verarbeitet dadurch auch belastende Einsätze. Da gab es etwa vor einigen Jahren einen Unfall mit einer Skifahrerin, die mit einem Pistengerät kollidiert ist. Ich war mit Toni Voithofer, dem leitenden Flugretter im Martin 6 und mittlerweile ein sehr guter Freund, vor Ort. Das Mädchen hatte schwerste lebensbedrohliche Verletzungen und die Versorgung war alles andere als einfach. Dazu kam die emotionale Situation der Beteiligten, die ebenfalls sehr betroffen waren von diesem Unfall. Solche schwierigen Einsätze müssen direkt nachher psychisch aufgearbeitet werden, man muss miteinander reden. Reicht das nicht aus, gibt es in unserem Job die Möglichkeit von Supervisionen und Mediationen. Das habe ich auch schon in Anspruch genommen.

> Mir macht die Arbeit Spaß, wir haben ein Spitzen-Stammteam und ich gebe immer das Bestmögliche im Einsatz für den Patienten.

Packt einen der heilige Zorn, wenn sich Patienten unnötig in eine lebensbedrohende Situation bringen?

Ich urteile hier nicht. Jeder Mensch ist selbst verantwortlich für sein Schicksal. Im Einsatz steht der Patient im Vordergrund, und ich mache mir da keine Gedanken über den Unfallhergang oder Schuldzuweisungen.

Welcher Einsatz ist Ihnen besonders in Erinnerung geblieben?

Das war sicher der sehr schwierige Einsatz mit dem Mädchen, das unter die Pistenraupe geraten ist. Erfreulicherweise hat uns das Mädchen im Sommer darauf mit seiner Familie am Stützpunkt besucht, um sich bei uns zu bedanken. Das war ein sehr bewegender, unvergesslicher Moment. Spontan fällt mir noch ein Einsatz vom letzten Sommer ein. Da haben wir in Leogang einen jungen Burschen versorgt, der mit dem Mountainbike gestürzt ist. Mir war von Anfang an klar, dass der junge Mann schwere innere Verletzungen hat. Vom Landen am Einsatzort bis zum Eintreffen im Krankenhaus Zell am See sind nur 16 Minuten vergangen – bei diesem Verletzungsmuster spielen der schnelle Abtransport und die zügige chirurgische Versorgung eine wichtige Rolle. Mein Verdacht hat sich dann bestätigt und der Bursche wurde innerhalb einer halben Stunde nach Eintreffen operiert. Das schnelle Handeln aller hat ihm das Leben gerettet.

Ist Ihre Arbeit immer befriedigend?

Mir macht die Arbeit Spaß, wir haben ein Spitzen-Stammteam und ich gebe immer das Bestmögliche im Einsatz für den Patienten: Meine Arbeit als Flugrettungsnotärztin ist damit sehr befriedigend. Aber Leben retten ist nicht immer Leben retten: Es geht ja auch um die Lebensqualität danach. Als Notärztin gebe ich mit meinem Team immer das Beste, aber was schlussendlich das Ergebnis ist, vielleicht nach wochenlanger Intensivstation, kann man zu diesem Zeitpunkt nicht sagen.

Haben Sie bisweilen noch Kontakt zu »Ihren« Patienten?

Ich habe mittlerweile an die 600 Hubschraubereinsätze absolviert, aber es ist sehr selten, dass Patienten danach mit uns Kontakt aufnehmen. Eine spezielle Ausnahme ist der Vater der Patientin, die unter die Pistenraupe gekommen ist. Er schreibt uns jedes Jahr zu Weihnachten und bedankt sich, dass wir seiner Tochter das Leben gerettet haben. Auch der Vater des Burschen, der sich beim Mountainbiken verletzt hat, hat eine Dankesnachricht geschickt.

Dr. Katharina Spora

(Jahrgang 1975) ist leitende Notärztin des Rettungshubschraubers Martin 6 der Martin-Flugrettung mit Standort Hinterglemm/Salzburg. Hauptberuflich arbeitet Dr. Spora als Fachärztin für Anästhesie in der Emco Privatklinik Bad Dürrnberg (Ö) und begleitet zudem Überstellungsflüge der Tyrolian Air Ambulance.

»Je öfter man es macht, umso besser kann man es.«

Herr Zlöbl, wie und wann sind Sie zu Ihrem Job gekommen?

CHRISTIAN ZLÖBL: Ich war beim Roten Kreuz angestellt, in Spittal/Drau und da war das Höchste für den Sanitäter der Hubschrauber. Ich wollte immer am Hubschrauber fliegen und hab das Glück gehabt, dass ich da hineingerutscht bin, 2005.

Wie ist die Ausbildung zum HEMS TC abgelaufen?

Zuerst hat es lange gedauert, bis ich genommen worden bin, das hat sich ein Jahr hingezogen. Ein Hearing, eine Überprüfung und 2006 hat das dann angefangen. Die ersten Schulungen waren in Deutschland bei der DRF, unserer Mutterfirma.

Sie waren damals schon bei der ARA beschäftigt?

Nein, ich war noch immer Rotkreuzler und bin erst 2017 fix zur ARA gewechselt. Das Rote Kreuz in Kärnten ist ARA-Gesellschafter, deswegen waren die HEMS TC damals Angestellte vom Roten Kreuz.

Die Ausbildung zum HEMS TC haben Sie prinzipiell in Österreich gemacht?

> Ich wollte immer am Hubschrauber fliegen und hab das Glück gehabt, dass ich da hineingerutscht bin.

Ja, da ist ein eigener Trainer nach Spittal gekommen, in einen Lehrsaal vom Roten Kreuz, nur für mich. Zwei Wochen Theorie und man versteht anfangs nichts: Da waren nur meine fragenden Augen und der Lehrer hat es immer ein bissl anders probiert, damit ich es kapiere.

Was war das Schwierige an der Ausbildung?

Es war nicht die medizinische Versorgung, sondern das ganze fliege-

Christian Zlöbl (rechts) mit dem Notarzt: Und jetzt hoch!

rische Wissen, das du da lernen musst. Du bekommst die abgespeckte Version einer Pilotenausbildung vermittelt: Du weißt am Ende fast das gleiche wie ein Pilot, nur fliegst du den Hubschrauber nicht. Diese Informationen müssen einem langsam in Fleisch und Blut übergehen und dann muss man viele Einsätze machen. Ich vergleiche das mit einem Lawinenkurs: Theoretisch kann den jeder machen, aber wenn er nie eine Skitour geht, begreift er es trotzdem nicht.

Sie haben auch die Ausbildung für das Bergen mit einer Seilwinde absolviert?

HEMS TC ist der Überbegriff für das Besatzungsmitglied, das neben dem Piloten und dem Notarzt im Helikopter sitzt. Für die Windenbergung braucht es eine Spezialausbildung zum *Winch Operator*: Die habe ich in Nürnberg und Herzogenaurach absolviert.

Wie läuft das ab?

Es beginnt mit einer Woche Grundausbildung, Theorie und Praxis gemischt und viel Learning by Doing, standardisierte Verfahren. Dabei fliegt man mit Trainern etwa 50 Cycles, das ist im Prinzip den Hubschrauber ins Ziel dirigieren und mit dem Haken am Seil raus und rein mit der Winde. Man fängt an mit der Bergung von Totlasten. Da hängt ein 40 Kilo schwerer Sack am Seil und dann tastet man sich behutsam immer weiter vor. Die Ausbildung bei der DRF hat einen sehr hohen Standard und ist sehr auf Sicherheit bedacht.

Wie sieht das Team in Ihrem Hubschrauber aus?

Die Besatzung eines ARA-Rettungshubschraubers besteht aus vier Personen: Pilot, Notarzt, ein normaler Flugretter, also eine Kombination aus Notfallsanitäter und Bergretter, und ich.

Sie bedienen ausschließlich die Winde?

Nein. Wir HEMS TC sind ja alle Notfallsanitäter und ist Not am Mann, arbeitet man zusammen, nimmt Daten auf, kommuniziert mit dem Krankenhaus, zieht Spritzen auf, damit das alles ein bissl flotter geht. Das ist ein Vorteil einer Vier-Mann-Crew: Du hast zwei Hände mehr.

Gehen vier Mann Besatzung nicht auf Kosten der Performance des Hubschraubers?

Wir haben das große Glück, dass wir den modernsten Hubschrauber haben, den es zurzeit gibt, den H145.

Nein, wir haben das große Glück, dass wir den modernsten Hubschrauber haben, den es zurzeit gibt, den H145. Selbst im Hochgebirge hat die Maschine noch Leistung ohne Ende.

Bitte beschreiben Sie eine Bergung für uns.

Bei einer Windenbergung können wir den Hubschrauber über einem Patienten kreisen lassen und ihn ohne Zwischenlandung bergen. Wir können also direkt den Unfallort anfliegen und bereiten in der

Luft alles in einem kurzen Briefing vor. Wir arbeiten mit einer elektrischen Winde mit Schwenkarm, die 270 kg Last heben kann. Das Schwierige ist, den Piloten über dem Ziel einzusprechen, also ihn mit standardisierten Kommandos zu dirigieren. Der Pilot sieht ja auf den letzten 50 Metern den Notfallort nicht mehr.

Dann wird also der Notarzt runtergelassen ...

... und der Flugretter, ja. Die haben den Notfallrucksack dabei und das EKG. Ist der Patient nicht schwerer verletzt, wird er mit dem Bergesitz geborgen, den die beiden mithaben. Wir holen ihn mit der Windel rauf, wie wir sagen. Ist er schwerer verletzt, schicke ich den Bergesack nach. Dann kommt es drauf an, wie lange Notarzt und Flugretter brauchen: Dauert es aus medizinischen Gründen länger, werden wir zwischenlanden und fliegen dann das Ziel nochmals an.

Patient, Arzt und Flugretter werden in Etappen hochgeholt?

Das geht anders nicht. Ich kann nur den Bergesack mit dem Notarzt oder den Arzt und den Flugretter holen, sonst kämen wir in einen Wickel rein. Der Hubschrauber ist zwar nicht so klein, aber es ginge sich platzmäßig nicht aus, weil wir alles in der Luft ohne Zwischenlandung verladen können – das spart Zeit.

Sind Sie beim Bedienen der Winde freihändig unterwegs?

Es ist immer alles gesichert. Sobald der Bergesack raufkommt, kommt der noch redundant in eine Selbstsicherung, die im Hubschrauber hängt. Den Windenoperateur sichert ein Stehhaltegurt: Ich stehe ja draußen auf der Kufe, wegen der besseren Sicht, und kann die Last, falls sie zu schwingen anfängt, mit den Füßen oder Händen abstoppen.

Den Windenoperateur sichert ein Stehhaltegurt: Ich stehe ja draußen auf der Kufe und kann die Last, falls sie zu schwingen anfängt, mit den Füßen oder Händen abstoppen.

Das klingt heikel ...

Einmal geht es super, ein andermal ist es haarig. Aber im Prinzip ist es keine Doktorarbeit. Je öfter man es macht, umso besser kann man es. Es ist halt nie gleich, die Winde arbeitet immer anders, es ist immer ein anderer Ort, andere Sicht, anderes Wetter. Im Winter bei minus 15 Grad spürst du die Hände nach einer gewissen Zeit nicht mehr. Wenn du da draußen stehst, ist das nicht lustig. Das ist im Sommer feiner.

Wie lange dauert ein Windeneinsatz im Normalfall?

Wenn ich ankomme, sind wir in sieben Minuten beim Patienten, mit dem Umsteigen: Ich sitze ja vorne und muss hinten aussteigen, raus auf die Kufen. Dazu kommt die Patientenversorgung, die dauert, so lange sie dauert. Die Bergung selber ist eine relativ flotte Geschichte. Der Motor der Winde bewegt das Seil mit 1,25 Meter pro Sekunde. 90 Meter Seil haben wir maximal in der Trommel, die Durchschnittslänge ist zwischen 50 und 60 Meter. In einer halben bis dreiviertel Stunde sind wir wieder auf dem Heimweg.

Wie zufrieden sind Sie mit Ihrer Goodrich-Windenanlage?

Im Prinzip haben wir keine Schwierigkeiten mit ihr. Der Wartungsaufwand ist halt relativ hoch. Einmal im Monat kommt ein Techniker und schaut alles durch, dann wird das ganze Seil rausgelassen, auf Beschädigungen überprüft, neu eingeölt. Dann müssen wir noch das ganze System recken …

… das Seil unter Last ausdrehen …

… was man im Flug machen muss, mit Totlasten von 40 bis 332 Kilogramm. Viel Aufwand, aber Fehler und ein erzwungener Seilwechsel kämen noch teurer.

Windenbergung versus Taubergung: Wo liegen die Vorteile und Nachteile?

Für das Fixseil spricht: Ich kann, wenn ich muss, fünf Leute auf einmal evakuieren, oder, wie bei einer Seilbahnbergung, eine halbe Tonne hinhängen. Für die Winde spricht: Beim Bergen ist man viel flexibler und auch schneller.

Wie oft üben Ihre Kollegen und Sie die Abläufe?

Wir gehen regelmäßig die Notfallverfahren und Checks durch, mit einem Trainer oder einem Prüfer. Zweimal im Jahr gibt es Rettungsübungen, zwei Tage im Frühjahr und das große Herbsttraining über drei Tage, da kommt auch noch Theorie dazu. Das muss sein, damit du nicht überlegen musst, wenn einmal echt etwas ist und du die richtigen Entscheidungen treffen musst.

Retten Sie immer per Winde?

Nur im unwegsamen Gelände, auf dem Berg oder wenn man nicht landen kann. Gibt es eine Landemöglichkeit, ist man ohne Winde auf jeden Fall schneller.

> Ich habe 16-Stunden-Dienste und bin im Jahr mit 2000 Stunden limitiert, wie ein Pilot. Das macht zehn Diensttage pro Monat, dazu kommen noch Schulungen.

Wie viele Einsätze der zwei ARA-Hubschrauber sind Windeneinsätze?

Der im Kärntner Fresach stationierte RK-1 hat ein bisschen weniger, der RK-2 im Tiroler Reutte ein bisschen mehr, das ist auch dem Tourismus geschuldet. Gemeinsam kommen die beiden Helikopter im Jahr auf etwa 300 Windenbergungen.

Sind Windenbergungen auch in der Nacht möglich?

Ja, der RK-2 in Reutte macht es seit 2021, wir vom RK-1 haben im März mit dem Training begonnen.

Welche Herausforderung sind Nachtbergungen für Sie?

Nachtfliegen ist generell eine andere Welt. Man trägt Nachtsichtbrillen, ist aber vom Sehen her nur zweidimensional unterwegs. Du kannst Entfernungen sehr schwer abschätzen, womit das gesamte Bergeverfahren nicht dynamisch ist. Bei Tageslichtbergungen schaue ich, dass wir aus der Hinderniskulisse heraußen sind, und wir fliegen hinterher gleich ab. Dadurch hält man auch das Risiko klein, falls ein Triebwerk defekt wäre. In der Nacht ist im Prinzip alles statisch, da müssen wir exakt über dem Ziel die Winde fertig machen, weil das Gesetz festlegt, dass der Pilot in der Nacht nicht alleine vorne im Cockpit fliegen darf. Will der Pilot wegfliegen oder zwischenlanden, muss ich als Windenoperateur jedes Mal wieder auf den Co-Piloten-Sitz steigen und den Piloten beim Starten und Landen unterstützen.

Da klingt kompliziert ...

Ja, aber wir haben das gut ausgearbeitet. Die neue Standardisierung und der Sicherheitsstandard sind relativ streng, das ist auch bei der Behörde durchgegangen. Man muss ja bei der Behörde nachweisen, dass die Sicherheitsstandards in der Nacht gleich hoch sind wie bei Tag. Wir haben gleich ein neues Verfahren festgelegt, mit höheren Standards als gefordert. Damit ist die ARA eines der ersten Unternehmen in Europa.

Wie sieht Ihre Einsatzplanung aus?

Ich habe 16-Stunden-Dienste und bin im Jahr mit 2000 Stunden limitiert, wie ein Pilot. Das macht zehn Diensttage pro Monat, dazu kommen noch Schulungen.

Erinnern Sie sich an einen Einsatz, der besonders erfreulich war?

Da gab es einen Eiskletterer im Maltatal, 2012 oder 2013, ein Bekannter von mir. Der war im Winter mit Thomas Bubendorfer unterwegs, und da ist so ein fünf Tonnen schwerer Eisbrocken abgebrochen. Den haben wir rausgeholt, da hat weiß Gott nicht viel gefehlt.

Für ihn war es sicher eine Überraschung, dass Sie ihn geholt haben ...

Ja, und umgekehrt für mich auch.

Ist das Fliegen noch so toll, wie Sie sich das seinerzeit vorgestellt haben?

Man sieht zwischenzeitlich nicht mehr alles Schöne, das man sich vorgestellt hat. Man muss sich halt immer ein bissl runterholen und sagen, irgendwie bist du schon privilegiert. Ich habe ein fliegendes Büro mit einer schönen Aussicht. Und es ist eine schöne Arbeit, wenn man jemand helfen kann.

Christian Zlöbl

(Jahrgang 1975) ist HEMS TC (Helicopter Emergency Medical Services Technical Crew Member), sinngemäß übersetzt medizinisch-technisches Besatzungsmitglied eines Rettungshubschraubers und damit gleichsam der Co-Pilot. Zlöbl ist zudem leitender Windenoperateur der österreichischen ARA Flugrettung.

9

Skigebiet Sölden/Tirol: Die Pistenrettung des Wintersportzentrums besitzt eine eigene Leitstelle, ein Rettungshelikopter ist im Tal ständig einsatzbereit.

REPORTAGE

Zwei Brettln, a gführiger Schnee

Und schon passiert das Malheur. Jetzt rücken professionelle Helfer mit Schneemobil und Hubschrauber aus, um lädierte Bänder und Knochen zu versorgen. Ein Tag in einem der größten Skigebiete Österreichs, miterlebt in der Leitstelle der Pistenrettung Sölden.

4. Februar 2022, 7:20 Uhr. Der Parkplatz neben der Talstation der Gaislachkogelbahn in Sölden ist auto- und menschenleer. Die Gondeln am Seil klappern bereits, aber das sind technische Leerfahrten. Es ist klirrend kalt, die Sonne taucht nur die obersten Gipfel in zar-

tes Rot. Ein gutes Zeichen für die Skifahrer, die noch bei Kaffee und Müsli in ihren Hotels sitzen.

Eine Handvoll Pistenretter ist bereits auf den Beinen, einen Rucksack über die Schulter geworfen: Sie dürfen frühmorgens als Erste nach oben. Am Berg kontrollieren sie die Pisten, prüfen Markierungspflöcke, entschärfen Schneewechten, die der Wind über Nacht aufgetürmt hat. Heute erledigt Fabian diesen Job per Schneemobil von unten nach oben, Kollege Tobias auf Skiern in der Gegenrichtung.

8:20 Uhr. Die Mittelstation der Gaislachkogelbahn ist ein futuristischer Zweckbau auf felsigem Untergrund in 2174 Meter Seehöhe. Das Obergeschoß besteht aus Glas, Stahl, Beton und Zugluft, im Untergeschoß liegen die Versorgungsräume. Hier hat die Bergrettung ihre Büros, mit direktem Zugang zur Piste. Hier ist auch eine Erste-Hilfe-Station eingerichtet, samt Krankenbett. Dazu ein Kasten mit Verbandszeug, darüber baumelt ein Defibrillator von der Wand. Fabian und Tobias wärmen sich nach dem Pistencheck auf bei einem schnellen Kaffee. Ein strahlender Tag kündigt sich an, das heißt Arbeit bis zum Pistenschluss um 16:45 Uhr.

Draußen ist Tobias mit neun weiteren Kollegen im Einsatz. Jeder chauffiert ein Schneemobil, um zügig am Unfallort zu sein. Mit ihren wetterfesten Goretex-Uniformen und spiegelnden Visieren am Helm sehen sie aus wie Raumfahrer.

Drinnen dirigiert Fabian von der Leitstelle aus: ein Raum, zwei mal vier Meter, möbliert mit Schreibtisch, Funkgerät und Laptop samt Extra-Bildschirm. An den Wänden hängt die Panoramakarte des Skigebiets, dazu ein Plan der Rodelbahn mit markierten SOS-Punkten und Zufahrtsmöglichkeiten, und eine Übersicht der Lawinensprengpunkte am Gaislachkogel. Wasserkar, Kellerkluppe, Hundskopf: Fabian kennt als Einheimischer die Namen der Punkte auswendig, wo potenzielle Lawinen und Schneebretter per Fernzündung vom Helikopter aus gesprengt werden.

8:30 Uhr. Sölden ist eines der größten Skigebiete Österreichs. 31 Lifte führen von 1400 in über 3000 Meter Seehöhe. 144 Pistenkilometer auf normalen Hängen und zwei Gletschern, den Fernern namens Rettenbach und Tiefenbach, dazu 33 Skihütten. Das Skigebiet ist beliebt wegen der selektiven Pisten und des hohen Après-Ski-Faktors. Bekannt ist die Region seit 1931: Damals wählte der Schweizer Abenteurer Auguste Piccard mit seinem Stratosphärenballon den Gurgler Ferner – er liegt in der Gemeinde Sölden – als Notlandeplatz.

Die Weitläufigkeit und die große Anzahl an Skifahrern – je nach Schneelage bevölkern täglich bis zu 18.000 die Pisten – war der Grund dafür, 1998 die Leitstelle zu installieren. Das spart Zeit bei der Erstversorgung: Gäste, die sich an Schmerzen erinnern, kommen nicht wieder.

9:05 Uhr. Der erste Unfall des Tages: Ein Liftwart am Rotkogel hat einen Snowboarder mit einer Beinverletzung. Zwischenfälle werden grundsätzlich auf drei Arten gemeldet: direkt der Leitstelle am Berg, über den alpinen Notruf 140 oder den normalen Notruf 112. Wichtig dabei ist die Bekanntgabe der Pistennummer, der ungefähren Höhe und eines markanten Orientierungspunkts. Auch wenn wenige Touristen Bezeichnungen wie *Bartigs Bödele* (Bärtiger Rücken) oder *Millionenhang* (die Pisten 13 und 15 in der Nähe des Gigijochs, weil dort so viel passiert) kennen: Fabian in der Leitstelle findet durch sein Frage- und Antwort-Pingpong flink heraus, wo der Verletzte liegt. Das dauert im Schnitt weniger als eine halbe Minute.

9:10 Uhr. Der Pistenretter erreicht den Snowboarder und checkt die Verletzung ab: Es hat das Knie erwischt. Traumatologisch sind unsere Bergretter echt gut, sagt Fabian, der mithört, das macht die jahrelange Erfahrung. Verrenkung, Kreuzbandriss oder Knochenbruch – das ist schnell bestimmt. Je nach Schweregrad wird reagiert: Minischrammen werden vor Ort behandelt. Ärgere Blessuren werden nach einer Erstversorgung per Lift oder per Schneemobil ins Tal transportiert – ist die Piste zu steil oder das Wetter zu schlecht, kommt der traditionelle Akia zum Einsatz. Im Tal übernimmt ein Rettungsauto, der RTW, den Transport zum nächsten Arzt oder ins Krankenhaus.

Für alles, was kritischer ist oder gar lebensbedrohend, wird ein NAH angefordert, ein Notarzthelikopter. Der nächste, der Alpin 2 des ÖAMTC, parkt am Heliport in Sölden. Ist der gerade belegt: In Tirol gibt es 15 weitere Maschinen.

9:15 Uhr. Der nächste Unfall, wieder am Rotkogel. Ist es eine Schulter oder doch ein Knie? Stress macht Meldungen oft ungenau, erzählt Fabian, erst der Bergretter vor Ort schafft Gewissheit. Pflicht dabei: Die Formalismen der Rettungskette müssen eingehalten werden, speziell bei RTW- und NAH-Einsätzen. Die Landesleitstelle in Innsbruck ist immer eingebunden. Mails und Telefonate laufen über standardisierte Formulare ab, werden diszipliniert abgearbeitet: Ein Caller nimmt das Gespräch auf, der Disponent findet die optimale Rettungsressource, Feedbackschleifen minimieren Fehler. Egal, wer hilft: Hinter allem steht kein sturer Bürokratismus, sondern ein funktionelles Schema, das laufend perfektioniert wird. Nur so ist es etwa möglich, dass im passenden Krankenhaus bereits der Operationssaal vorbereitet wird, wenn der NAH mit dem Verletzten abhebt.

9:50 Uhr. Das erste Knie liegt im RTW, in der Leitstelle am Gaislachkogel ist es wieder ruhig. Doch Fabian weiß: Seine zwei Mobiltelefone und der Funk können jede Sekunde loslegen. Bestimmt tun sie es am frühen Nachmittag, das sagt Fabians Bauchgefühl: Dann stürmen die Skifahrer die schwierigen Gletscherhänge, mit allen Folgen. Parallel dazu wird Fabians Adrenalinpegel ansteigen und die Stimme der Pistenretter am Funk wird dann ein wenig atemloser klingen. Zehn Pistenretter sind insgesamt unterwegs an diesem Tag, drei vom Gaislachkogel aus, zwei am Rettenbachgletscher, einer am Tiefenbachgletscher, vier am Gigijoch. Fabian jongliert sie routiniert hin und her.

10:00 Uhr. Bleibt Zeit, werden die Daten der Frischverletzten in die Excel-Listen der Bergbahnen übertragen. Das ist wichtig für Polizei, Versicherung und Statistik: Wir hatten schon alles, sagt Fabian, einzig eine Geburt hatten wir am Berg noch nicht. Es geht auch um Kostenwahrheit: Eine normale Rettung schlägt mit 170 Euro zu Buche, für eine per NAH berechnet die Bergrettung 190 Euro. Dazu kommen noch die *echten* Helikosten. Ist man nicht versichert, geht das ins Geld.

Von der Schulter am Rotkogel landen die Skier im Büro: Sie werden beschriftet und mit Klebeband reisefertig gemacht für die Liftfahrt ins Tal. Dort können die Angehörigen sie abholen: ein Service der Bergbahnen.

10:05 Uhr. Die grünen Balken auf der NAH-Verfügbarkeitsliste werden weniger. Von 16 Maschinen sind aktuell sechs *on duty*. Fabians Dienstplan sieht anders aus: zwei Tage Leitstelle, zwei Tage Pistenretter auf der Piste, um den Kontakt zur Basis nicht zu verlieren, zwei Tage frei. Als Angestellter der Bergbahnen hat Fabian auch im Sommer zu tun: Revisionsarbeiten, Gletscherschutz, Pistensicherungszäune montieren.

10:16 Uhr. Die Leitststelle Tirol avisiert zwei Unfälle, gemeldet über die 140er-Notrufnummer. Ein Schlüsselbein am Gaislachkogel ist vermutlich ohne Bewusstsein, und auf Piste 5 schmerzt ein Knie, nahe des Gratl-Lifts.

10:21 Uhr. Das Knie wird auf Wunsch des Patienten in die Medalp Sportclinic gebracht. Die liegt vis-à-vis der Gaislachkogelbahn-Talstation. Im Regelfall werden drei Spitäler angeflogen, Fabian zählt sie auf: die Medalp-Klinik Imst, 12 Minuten per NAH, das Krankenhaus Zams, 15 Minuten, und die Tirol Kliniken Innsbruck, 20 Minuten. Ein Blick auf die Landkarte zeigt: Ohne Heli wären Patienten bis zu eine Stunde länger unterwegs.

10:25 Uhr. Das Schlüsselbein gehört einer Skifahrerin und braucht den NAH: Die Frau ist zwar doch nicht bewusstlos, hat aber starke Schmerzen. Fabian warnt per Funk den NAH Alpin 2 vor, der in Sölden stationiert ist.

10:28 Uhr. Die Leitstelle Innsbruck gibt den NAH-Einsatz offiziell frei. Pilot Gerhard und sein Team machen sich bereit. Fabian verbindet seinen Computer mit der Kamera auf dem Alpin-2-Heliport, Kennung LOIO. Man sieht die Maschine in schwarz-weiß lautlos aufsteigen. In wenigen Minuten schwebt sie knallgelb am Gaislachkogel ein. Säße Fabian nicht abgeschirmt in seinem Zimmer, könnte er den NAH brummen hören. Er weiß auch so, was jetzt passiert: Der Schnee auf dem improvisierten Landeplatz staubt auf, Notarzt und Flugretter springen heraus, hasten mit ihren Notfallrucksäcken zur Verletzten. Eine Schmerztherapie macht die Frau transportfähig; wie in Trance erlebt sie, wie man sie warm einpackt. Bergretter und Helicrew arbeiten flüssig zusammen, jeder Griff sitzt, hundertfach geübt. Minuten später hebt der Helikopter ab und verschwindet im Himmel.

Im Zimmer der Leitstelle klingt aus Fabians Radio das Lied »Send me an Angel«. Das Schicksal hat Sinn für Humor.

10:35 Uhr. »Piste 1, erster Pfeiler Gondelbahn Gaislachkogel, rechtes Sprunggelenk, bitte kommen Sie!« Nicht jeder Anrufer rapportiert so präzise wie diese Anruferin: Sie klingt beinahe fröhlich. Fabian antwortet gelassen, das mindert den Stress: Verstanden, es kommt gleich jemand. Inzwischen wird das Knie von Piste 5 per RTW abgeholt – über die Mautstraße, die im Winter ausschließlich für Rettungstransporte geöffnet ist.

10:46 Uhr. Das Sprunggelenk wird zum Unterschenkel, der Pistenretter fordert einen NAH an. Wieder das Prozedere über die Landesleitstelle Tirol, Minuten später ist Martin 8 in der Luft. Die Sonne strahlt heftig durchs Panoramafenster in die Leistelle, Fabian behält sein Stirnband dennoch am Kopf.

11:10 Uhr. Fabian verwandelt das Schlüsselbein in ein Formular. Ein Blick auf die Uhr: Geht sich ein schnelles Mittagessen aus oder wird's eine Banane? Man wird sehen.

11:35 Uhr. Alarm via Leitstelle Tirol: Lawinenabgang Rettenbachtal, im freien Skiraum nahe Piste 30, unweit von der Mautstation der Gletscherstraße. Fabian ist, als habe aller Sauerstoff fluchtartig das Zimmer verlassen. Schmallippig starrt er auf seinen Computerschirm, atmet gegen einen unsichtbaren Widerstand an. Im Chor schnarren seine zwei Mobiltelefone und das Funkgerät, Stimmengewirr von überall her.

Innerhalb eines Fingerschnippens heißt es jetzt: reagieren auf Autopilot. Anordnungen geben, Fragen stellen, Fragen beantworten. Fabian klingt erstaunlicherweise so ruhig wie vor einer Stunde, als er erzählt, dass er neben seinem Job Schafe züchtet. Doch der restliche Körper verrät ihn: Die Finger tanzen über der Platte des Schreibtischs, die Beine zappeln. Später erzählt Fabian, dass dies sein erster Lawineneinsatz in der Leitstelle war.

11:36 Uhr. Ein Anrufer namens Daniel meldet den Abgang noch einmal, ok, verstanden.

11:40 Uhr. Die Bergretter schwärmen aus Richtung Lawine. Der nächststationierte NAH ist alarmiert, dazu ein zweiter, dritter, vierter. Die Flugpolizei trifft ein. Die Lage ist unübersichtlich, doch soll das niemand spüren. Der Lawinenkegel ist zwei Kilometer Luftlinie entfernt, gefühlt reicht er bis ins Leitstellenzimmer. Es ist kalt, obwohl der Heizkörper glüht.

11:41 Uhr. Der Funk meldet fünf Beteiligte, Genaueres weiß man noch nicht. Das Stimmenknäuel im Äther spricht Ötztaler Dialekt, undurchschaubar für zufällige Zuhörer. Eigenartig: Diese Art des Tirolerischen scheint perfekt, um in diesen bangen Momenten mit wenigen Worten die Situation präzise zu beschreiben.

11:44 Uhr. Offensichtlich ist eine zweite Lawine abgegangen, in der Pitzer Rinne. Ein zufälliger Beobachter hat von einer Alm gegenüber verräterische Spuren ausgemacht. Fabian hat bislang mit vier, fünf Bällen jongliert, nun kommt ein weiterer dazu.

11:45 Uhr. Vier Personen lebend in Sicherheit. Der Schweiß, der den Hilfsmannschaften den Rücken hinunterrinnt, während sie hastig mit ihren Schaufeln Schneebrocken zur Seite räumen und mit ihren Lawinensonden konzentriert in den Boden horchen, um etwaige Opfer zu lokalisieren, dieser Schweiß steht auch Fabian im Gesicht. Auf der NAH-Übersichtskarte, die via Computer in *real time* die landesweite Verfügbarkeit der NAHs ausweist, sind 12 von 16 besetzt. Vier parken am Lawinenkegel im Rettenbachtal.

11:46 Uhr. Vor Ort bleiben immer mehr vorbeikommende Skifahrer stehen und helfen bei der Rettungsaktion mit. Bald sind es an die 100 Freiwillige. Später klopfen zwei deutsche Burschen an die Tür der Leitstelle und fragen, ob man sie brauchen kann.

11:47 Uhr. Eine fünfte Person, die Lawine hat sie mitgerissen, muss reanimiert werden. Fabian koordiniert zwischen den Bergrettern vor Ort und Rotem Kreuz, zwischen Landesleitstelle und einem weiteren Unfall: ein Knie zur Unzeit, auf der Piste Nummer 14.

11:55 Uhr. ROSC bei der fünften Person, quäkt der Funk. So heißt das Wiederanspringen des Kreislaufs in der Fachsprache, *Return of Spontaneous Circulation*. Draußen hat damit gerade ein Mensch den Kampf um sein Leben gewonnen. Drinnen bleibt Fabian erstaunlich ruhig. Selbst der größte Schmerz muss erst katalogisiert werden – leicht, mittel, schwer –, ehe man ihn konsequent bekämpfen kann.

12:04 Uhr. Entwarnung für die Lawine in der Pitzer Rinne. Die Spuren, die hinführen, führen auch wieder weg, niemand ist verschüttet.

12:08 Uhr. Schmerztherapie beim Schwerverletzten am Lawinenkegel. Fabian schlägt vor, alle Verletzten ins nahe Mauthaus zu bringen und ihren Abtransport nach dem Triage-Prinzip einzuleiten. Zwei RTW treffen ein. Fabian kriegt in der Leitstelle Unterstützung von Dietmar, dem stellvertretenden Pistenchef. Vier Hände bändigen Mobiltelefone und Funk besser als zwei.

12:26 Uhr. Noch jemand verschüttet? Fabian aktiviert zur Sicherheit die Bergrettungen der nahen Orte Umhausen und Ötz.

12:30 Uhr. Langsam löst sich die Spannung. Alle geborgen, obwohl man nicht sicher ist. Die Gruppe, die das Schneebrett ausgelöst hat, steht zu sehr unter Schock für valide Aussagen. Gut, dass ein Kriseninterventionsteam vor Ort ist. Wie verarbeitet man den Stress, wenn ein Schneebrett deine Freunde vor dir, neben dir, hinter dir mitreißt?

12:40 Uhr. Die ersten RTWs bringen Verletzte ins Tal, zwei neue RTWs rücken nach. Zwei Verletzte werden per NAH abtransportiert: Robin 3 birgt einen Verletzten per Winde und fliegt ihn ins Spital nach Zams. Martin 8 überstellt den Schwerstverletzten ins deutsche Murnau: Lebensrettung funktioniert längst grenzübergreifend, gerade in Helikopterzeiten.

13:30 Uhr. Der Leitstellenraum ist nun ein Druckkochtopf, bei dem das Ventil langsam reinplumpst. Dietmar fällt auf, dass der Heizkörper glüht: Er dreht ihn ab.

13:39 Uhr. Der Alltag übernimmt wieder das Kommando: Eine Bänderverletzung im Knie, erlitten am Tiefenbachgletscher, wird per RTW über die Mautstraße abtransportiert. Sechs Minuten später organisiert Fabian für eine Schnittverletzung auf der Heidealm einen RTW: Es ist einer derjenigen, die leer vom Lawinenkegel abrücken.

14:08 Uhr. Auf der Rodelbahn wartet an Punkt 15 eine Knöchelverletzung. Einer der Pistenretter wechselt direkt von der Lawine zur Rodelbahn. Das ist Effizienz: Der Knöchel kommt in den gleichen RTW, der die Schnittverletzung an Bord hat.

14 Uhr 30. Sepp, der Chef der Bergrettung, kriegt von Fabian einen Lagebericht. Insgesamt waren zehn Alpinpolizisten, sechs Hundeführer mit ihren Hunden, 70 Bergretter, 50 Bergbahnangestellte, acht

Pistenretter plus 100 Gäste im Einsatz: Fabian liest die Daten ab vom handgeschriebenen Protokoll. Später tippt er sie in den Computer.

14:55 Uhr. Es ist das erste Mal Zeit, um zu reflektieren, was in der Atemlosigkeit der letzten Stunden passiert ist. Was war das Schlimmste? Ruhig bleiben müssen im Chaos, antwortet Fabian, das ist brutal.

15:17 Uhr. Der Lawineneinsatz ist offiziell beendet. Landesweit ist nur mehr ein Drittel der NAHs unterwegs, Alpin 2 parkt in seinem Hangar.

15:43 Uhr. Die Polizei meldet sich bei Fabian. Wie war das mit der Lawine? Die Auskunft wird nach wenigen Sekunden unterbrochen: Ein englischer Tourist ist am Telefon. *An accident? What happened? Which slope? Ok, please wait. We will send you a rescue team.* Zum Kollegen gewandt, fasst Fabian lakonisch zusammen: Do kimmt ana nimma weida.

15:50 Uhr. Zeit für den Papierkram. Der Lawinenabgang wird auf DIN-A4-Format reduziert, im Telegrammstil und mit genauen Uhrzeiten. Diese Notizen sind die Basis für ein ausführliches Debriefing in den nächsten Tagen. Man lernt aus jedem Einsatz, sagt Fabian, und wenn es nur Kleinigkeiten sind.

16:00 Uhr. Drei Pistenretter, die am Lawinenkegel im Einsatz waren, treffen in der Leitstelle ein. Große, kräftige Burschen, doch jetzt hängen sie erschöpft in ihrer Montur. Die Mienen eigenartig durchsichtig, aber insgesamt sind sie zufrieden, fast aufgekratzt. Ein Einsatz ohne Todesfall ist immer ein guter Einsatz.

Einer räumt seinen Rucksack aus, stopft die Reste des Lawinenunfalls in den Mistkübel – Wasserflaschen, Pappbecher, geknickte Skistöcke, Papierfähnchen, mit denen die Suchkorridore markiert wurden.

Auch Tobias ist unter den dreien, er hatte die Einsatzleitung an der Lawine. Er wollte gerade zum Mittagessen, als der Alarm kam, erinnert er sich. Ist halt nix geworden.

16:02 Uhr. Knieverletzung Rotkogeljochbahn. Zu dieser Tageszeit werden die Leute müde.

16:15 Uhr. Ein Skifahrer am Gigijoch hat einen Schwächeanfall, Fabian schickt die Pistenrettung vorbei. Eine Viertelstunde später sitzt der Mann in der Gondel, sie bringt ihn ins Tal zum Arzt. Er war die Nummer 13 heute, vier davon wurden vom NAH geborgen, die Lawinenopfer nicht inkludiert.

16:45 Uhr. Pistenschluss. Vier Pistenretter sind noch in der Leitstelle. Fabian schaltet die Geräte ab, schnallt das Funkgerät um, versperrt die Tür und marschiert mit seinen Kollegen zum Lift. Die letzten Anordnungen gibt er im Gehen, verstanden, Ende.

16:50 Uhr. Die Talfahrt eignet sich gut fürs Debriefing. Die Eindrücke sind noch frisch, das Was-Wo-Wie lässt sich prompt beantworten, Gefühle dürfen raus. Hätte man etwas anders machen können? Und wenn ja: Wie? Ein emotionales Gespräch in der Gondel, geführt im kantigen Ötztaler Dialekt, mit erstaunlichem Respekt voreinander. Am Ende wird übersetzt: Jeder hat seinen Job gut gemacht und kann zufrieden sein. Keiner muss was in seine Träume mitnehmen, jeder kann ruhig schlafen.

Fabian ist eine Spur blasser als die anderen, es war ja auch seine erste Lawine in der Leitstelle. Eine Feuertaufe an einem Tag, an dem in Tirol 50 Lawinen abgegangen sind.

Morgen hat Fabian frei.

Auch Bergretter haben Dienstschluss: der Mann von der Leitstelle der Pistenrettung Sölden, Fabian Fürnruter (2. von links), mit (von links) Josef Haid, Tobias Holzknecht und Andreas Schöpf.

Info

WENN DER HELIKOPTER KOMMT

In diese Situation kann jeder von uns geraten: Sie erreichen eine Unfallstelle, leisten Erste Hilfe – und dann schwebt plötzlich der alarmierte Notarzthubschrauber ein. Die Unfallstellen sind aus der Luft oft schwierig zu erreichen: Die Piloten müssen präzise auf Skipisten oder in Waldlichtungen aufsetzen, auf schmalen Straßen oder ausgesetzten Gebirgsplateaus. Häufig ist der Pilot auf Unterstützung vom Boden angewiesen, sprich: Er braucht vielleicht gerade Sie, um sicher zu landen. Die folgenden Regeln im Umgang mit dem Hubschrauber garantieren einen sicheren Rettungsablauf.

Der Landeplatz

Der ideale Landeplatz für den Rettungshelikopter ist eine Fläche von etwa 25 mal 25 Metern. Der Ort ist möglichst eben, hindernisfrei (keine elektrischen Leitungen und Seilbahnseile) und nah an der Unfallstelle gelegen (maximal 100 Meter entfernt).

Hubschraubereinweisung

Strecken Sie beide Arme senkrecht nach oben, die Handflächen weisen nach innen. Der Einweiser steht dabei mit dem Rücken gegen den Wind am Rand des potenziellen Landeplatzes. Bleiben Sie ruhig stehen: Der Pilot braucht für das Landemanöver ein Ziel, das sich nicht bewegt. Nur so kann er die Distanz zum Boden zweifelsfrei bewerten.

Gegenstände fixieren

Lassen Sie keine losen Gegenstände im Umkreis des Landeplatzes liegen. Der Hauptrotor könnte Taschen, Rucksäcke und Kleidungsstücke in die Luft wirbeln und damit den Hubschrauber beschädigen und umstehende Menschen verletzen.

Augenkontakt zum Piloten

Halten Sie während des Landemanövers unbedingt Augenkontakt mit dem Piloten.

Die richtige Annäherung

Sobald der Helikopter gelandet ist, aber sich der Hauptrotor noch dreht, dürfen Sie sich von vorne nur gebückt annähern. Seitlich nähern Sie sich bitte nur von der Talseite her an: Bergseitig liegen die Rotorblätter oft deutlich tiefer.

Verbotene Zone

Die Zone seitlich und hinter dem Helikopter darf nur bei stillstehendem Hauptrotor betreten werden.

Vorsicht mit langen Gegenständen

Sollten Sie Antennen, Skier, Sondierstangen und Ähnliches verladen müssen, tragen Sie diese langen Gegenstände stets parallel zum Boden. Damit vermeiden Sie den möglichen Kontakt mit den empfindlichen Rotorblättern.

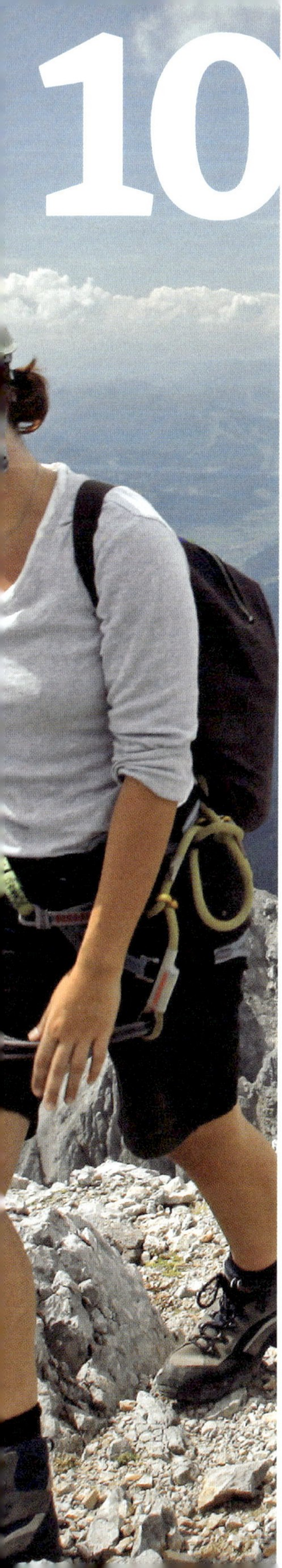

10

INTERVIEW

»Versuch und Irrtum funktionieren am Berg manchmal leider nicht.«

Der Präsident des Österreichischen Kuratoriums für Alpine Sicherheit, Dr. Peter Paal, zum Thema Selbstüberschätzung und Sicherheit, Eigenverantwortung und Erschöpfung und warum wir ohne fliegende Intensivstationen nicht mehr auskommen.

Herr Primar Dr. Paal, wenn Sie aus dem Fenster schauen: Wäre heute ein guter Tag, um auf einen Berg zu marschieren?

DR. PETER PAAL: Ich sehe einen wolkenbedeckten Himmel, die Temperatur müsste um die fünf bis sieben Grad liegen, man kann schon was machen. Aber man sollte auch objektive Kriterien zu Rate ziehen. Wir haben Ende November, grundsätzlich geht die Temperatur auch schon im Tal runter auf null Grad oder tiefer, und in Höhenlagen bleibt der Schnee auf der Nordseite schon liegen. An

diesen kurzen Tagen schaue ich auch auf die Uhr: Wann starte ich? Wann bin ich zurück? Und plane entsprechend meinem Können, meiner Ausdauer und meiner Ausrüstung eine schöne Tour, wobei: Am Berg ist es immer schön.

Was begeistert Sie am Rauf und Runter?

Mir geht das Herz auf, wenn ich oberhalb der Waldgrenze stehe und in die Ferne blicke, ob das der Sonnenauf- oder -untergang ist. Oder wenn ich einfach nur den Wolken zuschaue, die Ruhe genieße, das Grün oder die Kräuter oder das Heu rieche, die Tiere höre, die Glocken … Es gibt ganz viele Eindrücke, die wunderschön sind.

Aufstieg bedeutet immer auch Anstrengung …

Ist man gewohnt, sich anzustrengen, dann weiß man, dass nach der Anstrengung immer die Belohnung kommt, dieses Glücksgefühl am Höhepunkt der Tour. Das muss gar nichts Großartiges sein, das kann auch eine Skitour entlang einer Piste sein oder eine Radtour im Spätherbst.

Denken Sie, dass jeder, den Sie auf Ihrem Weg treffen, so viel Spaß hat wie Sie?

Die meisten schon, aber für manche ist Bewegung in den Bergen neu und deswegen vielleicht ungewohnt anstrengend. Grade jetzt in der Pandemie haben viele Menschen aus dem urbanen Bereich und solche, die vielleicht nicht verreisen konnten wegen Lockdowns oder Reisebeschränkungen, den Berg in allen Spielarten für sich entdeckt. Diese Menschen kennen ihren Körper nicht so gut, vielleicht sind sie auch ein bisserl übergewichtig, nicht so trainiert oder überhaupt nicht trainiert.

Welche Kardinalfehler begehen Ungeübte?

Sie vergessen, dass man nur so schnell gehen soll, dass man nebenher noch, ohne atemlos zu sein, sprechen kann. Dann ist man im aeroben Bereich unterwegs und könnte diese Leistung über mehrere Stunden bringen. Oder sie gehen mit falscher oder ungetesteter Ausrüstung gleich auf eine große Tour, vielleicht gleich mit jemand, der sie im falschen Tempo mitnimmt. Die Tour muss immer an den Sportler angepasst sein, nicht der Sportler an die Alpintour.

Menschen aus dem urbanen Bereich kennen ihren Körper nicht so gut, vielleicht sind sie auch ein bisserl übergewichtig, nicht so trainiert oder überhaupt nicht trainiert.

Am Ende einer Unachtsamkeit steht im Gebirge meist ein schmerzhafter Zwischenfall …

Eine Verletzung hat immer verschiedene Ursachen, alles im Leben ist multikausal. Aber die wichtige Ursache am Berg ist: Man ist erschöpft. Statistisch gesehen passieren die meisten Unfälle im Abstieg. Man konzentriert sich auf den Aufstieg, kommt oben relativ müde an, die Zuckerreserven, vielleicht auch die Flüssigkeitsreserven, sind reduziert, der Muskel brennt. Aber man verspürt ein Hochgefühl, und dann macht man sich auf den Abstieg oder die Abfahrt, und die körperliche Erschöpfung führt dazu, dass man weniger Kraft hat in den Beinen, weniger Kraft auch für schnelle Reaktionen. Dazu kommt Unkonzentriertheit: Man ist in Gedanken vielleicht schon zu Haus. Aber wie sagte schon Reinhold Messner: »Der Berg gehört dir erst, wenn du wieder unten bist.«

Im alpinen Raum – ich stamme aus Südtirol – geht man am Wochenende nicht ins Museum, sondern auf den Berg.

Können wir uns auf dem Berg noch auf unsere Instinkte verlassen?

Viele Menschen bewegen sich nur tage- oder wochenweise im alpinen Raum. Steinige Wege, Wurzeln, Wasserrinnen: Die meisten von uns, die am Berg unterwegs sind, haben diese alpinen Wegecharakteristiken im Alltag nicht. Nur Menschen, die Bewegung im alpinen Gelände regelmäßig praktizieren, haben das Können, sich am Berg sicher und energieeffizient zu bewegen. Instinkt ist nichts anderes als etwas Angelerntes, Automatisiertes, was man aus dem Bauchgefühl heraus macht, wo klares Wahrnehmen und Entscheiden gar nicht gefordert sind. Die Entscheidung passiert auf einer viel tieferen, unterbewussten Ebene – man sieht einen lockeren Stein und steigt ganz automatisch nicht drauf, während der urbane Mensch ohne Erfahrung umknickt und eventuell sogar abstürzt.

Wie haben Sie diese Selbstverständlichkeit erlernt?

Im alpinen Raum – ich stamme aus Südtirol – geht man am Wochenende nicht ins Museum, sondern auf den Berg. Bei uns war man in den Familien, die eine entsprechende Tradition hatten, mit ein, zwei Jahren auf der Rodel unterwegs und stand spätestens mit drei Jahren auf Skiern. Im Sommer hat man zwei bis vier Wochen auf der Alm verbracht. Am Wochenende waren wir mit Freunden auch sehr viel draußen und oben unterwegs, da hat man das richtige Verhalten fast wie mit der Muttermilch aufgesogen.

Und am Ende steckt alles in der DNA …

Was man schon als kleines Kind aufnimmt, spielerisch von Eltern und Freunden lernt, auch natürlich mit Fehlern behaftet lernt, das bleibt ewig hängen. Es macht einen Unterschied, ob man seine Fehlerkiste anfängt mit 30, 40 Jahren zu befüllen oder ob man schon als 3-Jähriger anfängt.

Praxis schlägt also Theorie?

Die Theorie kann nur das Grundgerüst sein, ist wie der Knochen eines Menschen. Das Wichtige spielt sich in der Praxis ab. Das ist das Fleisch, es macht das Ganze erst möglich. Das lernt man automatisch von klein auf, mit Familie und Freunden und in einem alpinen Verein. Das Problem bei älteren Novizen ist: Sie schauen sich eine alpine Sportart von Freunden ab. Das ist ganz natürlich: Man hat einen sozialen Anschluss und oft entwickeln sich die sportlichen Aktivitäten entsprechend dem Partner, den Freunden und eben in späteren Jahren …

Ich ahne, was jetzt kommt: Der Freund lernt vom Freund, der es vom Freund gelernt hat, und am Ende ist es wie beim Spiel Stille Post …

… und man macht etwas jahrelang fehlerhaft in der Annahme, man kennt sich aus. Dabei wird oft Können mit Glück verwechselt. Deshalb ist es beim Erlernen einer neuen Sportart wichtig, ich nenne speziell das Klettern, dass man auf jeden Fall die Angebote der Profis nutzt. Auch bei Sportarten wie Skitourengehen oder Eisklettern, die mit einem hohen Verletzungsrisiko behaftet sind, braucht es eine standardisierte Grundausbildung wie sie eben alpine Vereine, aber etwa auch Bergführerschulen bieten.

Die Trial-and-Error-Methode ist also unklug?

Versuch und Irrtum funktionieren am Berg leider manchmal nicht. Pit Schubert, der frühere Leiter des Sicherheitskreises des Deutschen Alpenvereins, hat einmal gesagt: »Manche Fehler macht man am Berg nur einmal!« Deswegen ist es für uns als Österreichisches Kuratorium für Alpine Sicherheit essenziell, dass wir vermeiden, dass Menschen einen Fehler dieses einzige Mal machen, weil sie dann tot sind. Und wir sind ganz drauf ausgelegt, den Menschen zu helfen, aus Fehlern anderer zu lernen und damit Fehler zu vermeiden.

Dem Lernen steht oft der Egoismus im Weg, unbekümmert den schwierigsten Aufstieg, die steilste Abfahrt, die risikoreichste Linie zu wählen.

Der alpine Raum wird immer mehr zu einer Spielwiese. Die Pandemie hat das vielleicht beschleunigt, dass auch im urbanen Raum alpine Spielwiesen entstanden sind, etwa Kletterhallen. Was man auf dem Plastik in der Stadt übt, wird dann im Freien auf Fels umgesetzt: Das kann grade in der jungen Generation, die sehr viel Feuer in sich hat, zur Überschätzung führen. Von Egoismus sind im alpinen Bereich oft auch Ältere, Erfahrene betroffen. Ein Klassiker ist der Lawinenunfall: Wissen, das man bisher zusammengetragen hat, rein durch Empirie und Lebenserfahrung, schützt nicht davor, dass man Fehler macht.

Wissen, das man bisher zusammengetragen hat, rein durch Empirie und Lebenserfahrung, schützt nicht davor, dass man Fehler macht.

Die Routiniers glauben, sie hätten in Drachenblut gebadet?

Genau. Der Mensch weitet, das ist in seiner Natur so angelegt, seine Grenzen immer weiter aus. Wäre das nicht so, wären wir nicht aus Afrika raus, hätten den Planeten nicht kolonisiert, nicht immer wieder neue Sachen entdeckt. Am Berg geht es aber auch um die Intensität der Wahrnehmung, des Kicks. Immer ein bisschen mehr, ob beim Runterfahren oder Rauffahren – wie bei einem Drogensüchtigen geht es hier auch um das Suchtgefühl – am Berg. Die Glückshormone im Körper, die Endorphine, sind ja mit dem Morphin verwandt, und sie werden ausgeschüttet, wenn man oben ankommt, wenn man in die Weite schaut, wenn man mit einem Juchizer runterfährt, die tolle Abfahrtslinie wählt. Das ist ein geiles Gefühl, hat aber zur Folge, dass je geiler es sein soll, desto risikoreicher ist es auch.

Man sollte klein anfangen, und wenn man es nur hin und wieder macht, sollte man auch beim Kleinen und Feinen bleiben. Das ist vollkommen ausreichend …

Dabei reicht vielen Freizeitsportlern bereits eine kleine Dosis Glück …

Weil die für sie bereits genügt, um maximales Glück auszulösen. Man muss einem Novizen keinen Dreitausender bieten oder die 2000-Höhenmeter-Skitour. Man sollte klein anfangen, und wenn man es nur hin und wieder macht, sollte man auch beim Kleinen und Feinen bleiben. Das ist vollkommen ausreichend für ein großes Glücksgefühl und obendrein gesund und sicher.

Wenn es doch nicht genug ist: Welche Rolle spielt die alpine Flugrettung in der aktuellen Rettungskette?

Die alpine Flugrettung ist aus der modernen alpinen Rettung nicht mehr wegzudenken. Also ich sage da ein paar Zahlen: Alleine die ÖAMTC-Flugrettung betreibt in Österreich 17 Ganzjahresstützpunkte, dazu kommen andere Betreiber mit Ganzjahresstützpunkten und mehrere Stützpunkte, die nur im Winter in Betrieb sind, und das für knapp neun Millionen Einwohner. Viele Stützpunkte liegen im alpinen Bereich, wo im Winter noch ca. zehn Millionen alpine Touristen mit 98 Millionen Übernachtungen dazukommen. Reine Alpinunfälle gibt es im Zehn-Jahres-Durchschnitt ca. 1150, das sind etwa 15 Prozent aller Einsätze. Dazu kommen noch mindestens gleich viele Notfallpatienten mit internistischen Krankheiten, z. B. Herz- oder Atemproblemen, Schlaganfall, Allergien. Die klassische Bergrettung wäre mit dieser Anzahl Verunfallter komplett überfordert. Zudem wäre der medizinische Standard nicht der gleiche, im Sinne von Zeitersparnis bei der Erstversorgung, Schmerzvermeidung durch Hubschraubereinsatz anstatt langwierigerem und zum Teil gefährlicherem terrestrischem Transport und effizienterem Einsatz der Rettungskräfte pro Tag.

Wie gut kooperieren Bergrettung und Flugrettung?

Es besteht absolutes Verständnis dafür, was wer kann. Und es ist kein konkurrierendes System, sondern ein sich sehr gut ergänzendes. Die Bergrettung stellt zum Teil ja selbst Flugrettungssysteme, etwa in Vorarlberg. Gerade im alpinen Bereich ist es so, dass auf den Flugrettungsstützpunkten der Flugretter zugleich ein Bergretter ist, der gleichzeitig noch eine Notfallsanitäterausbildung absolviert hat. Berg- und die Flugrettung sind beide ein essenzieller Teil unseres hochwertigen prähospitalen medizinischen Notfallsystems. Es kommt im Prinzip die kleine Intensivstation zum Verunfallten oder zum kranken Menschen auf die Piste.

Wie schnell kommt die Intensivstation angeflogen?

Mit der Flugrettung kann man Opfer, vom Lawinenunfall bis zum Herz-Kreislauf-Zwischenfall, innerhalb einer Stunde vom Beginn des Notfalls abholen und im Krankenhaus abgeben: Dieses kurze prähospitale Zeitfenster hat es vor vier Jahrzehnten noch nicht gegeben. Und wir sind hier noch gar nicht am Ende der Fahnenstange angekommen.

Was wäre das Ende der Fahnenstange?

Im Prinzip geht die Therapie immer weiter und wird immer besser. Inzwischen sind etwa neue Geräte für Ultraschalluntersuchungen in der prähospitalen Versorgung angekommen. Der Notarzt hört den Menschen nicht nur mit dem Stethoskop ab, sondern hat einen kleinen Bildschirm, mit dem man mit Ultraschallwellen in das Innere des Menschen blickt. Man kann sich z. B. die Funktion von Herz und Lunge und diversen anderen inneren Organen anschauen, kann feststellen, ob es freies Blut in einer Körperhöhle gibt. In der Folge kann eine entsprechende Therapie eingeleitet werden, und man gibt eine entsprechende Vorwarnung an das Krankenhaus.

Berg- und die Flugrettung sind beide ein essenzieller Teil unseres hochwertigen prähospitalen medizinischen Notfallsystems. Es kommt im Prinzip die kleine Intensivstation zum Verunfallten auf die Piste.

Gibt es auch negative Seiten bei der Flugrettung?

Ich möchte einen negativen Punkt anmerken: Es besteht im Bereich der Flugrettung große Konkurrenz. Jeder Flug bringt Geld. Deshalb wird sehr viel gerettet, und es wird zum Teil alles gerettet, was sich retten lässt. Und gibt schon ein Rivalisieren um Standorte, um dadurch mehr Patienten vom Berg herunterzufischen. Dieser kommerzielle Gedanke sollte in der Medizin nicht übermäßig stark sein. Dieses Wetteifern um den besten Standort führt zu Spannungen und auch zum Rittern um den Patienten und das Geld – und auch dazu, dass Standards in manchen Systemen nicht so hoch sind, wie sie sein sollten.

Sind wir im Bereich der Flugrettung überversorgt?

Es gibt sicher Spitzen, gerade im Winter, wo eine dichte Versorgung notwendiger ist als in den Übergangszeiten Frühjahr und Herbst. Die Sache ist aber etwa Folgende: Da versorgt ein Stützpunkt mit fixem Standort das ganze Jahr 24/7 – mittlerweile gibt es ja auch den Nachtflug – die Patienten in einer Region, mit allen Kosten auch in den Nebensaisonen. Und dann eröffnet ein Konkurrenzunternehmen vor dessen Nase einen zweiten Stützpunkt, der ihm während der Hauptsaison Patienten vom davor liegenden Skigebiet wegschnappt. Ich meine, dass das nicht fair ist. Und gerade in solchen Situationen wird, weil man dann in diesen Spitzenmonaten viel verdienen muss, wirklich alles runtergefischt, was möglich ist. Auch mit einem gewissen Nachdruck.

Es besteht im Bereich der Flugrettung große Konkurrenz. Jeder Flug bringt Geld. Deshalb wird sehr viel gerettet, zum Teil wird alles gerettet, was sich retten lässt.

Ist auch die Kasko-Mentalität mancher Bergtouristen zu kritisieren? Motto: Egal, was ich riskiere, 112 wird mich schon retten …

Es gibt zum Glück Angebote von alpinen Vereinigungen und Vereinen, aber auch diversen Verkehrsvereinigungen, die Versicherungen anbieten, für wenig Geld. Damit ist der Einsatz, der mehrere Tausend Euro kostet, für einen kleinen Betrag abgedeckt. Das hat schon zur Folge, dass man ziemlich sorglos ist. Viele Menschen würden es sich überlegen, welchem Risiko sie sich aussetzen, wenn sie wüssten, Hilfe kommt bodengebunden erst in einigen Stunden und erst dann gibt's ein Schmerzmittel. Ich glaube aber nicht, dass die gute Ausstattung mit Rettungskräften der Hauptgrund ist, mehr Risiko einzugehen. Aber ich bin mir sicher: Einheimische und Urlaubsgäste aus dem Ausland sind sich im Klaren, dass grundsätzlich hochprofessionelle Hilfe kommt, wenn man Hilfe braucht. Man darf aber nicht immer auf dieses Netz hoffen. Es gibt sehr wohl Situationen, wo keine Flugrettung kommen kann und die Bergrettung auch sehr verzögert anrückt, etwa in der Nacht oder bei schlechten Bedingungen, wie bei Schneefall und Sturm. Dann kann Übermut schnell einen gefährlichen Ausgang nehmen.

Es gibt keine 100-prozentige Garantie, dass man einen Zwischenfall überlebt.

Man darf den alpinen Raum nicht mit einer Spielwiese oder einer urbanen Kletterhalle verwechseln. Der alpine Raum birgt beträchtliche, objektive Gefahren auch für die Retter. Es ist der erste Punkt bei einer Rettungsaktion, auf die eigene Sicherheit zu schauen. Manche Situationen sind so brandgefährlich, dass Lebensgefahr für die Retter besteht, und leider kommen im Alpenraum wiederholt Bergretter und Flugretter zu Tode. Ich appelliere hier an jeden, der sich im alpinen Bereich bewegt, den Bogen nicht zu überspannen, auch aus sozialer Rücksicht.

Sie waren selbst neun Jahre Flugrettungsarzt. Was erlebt man da?
Die Aktivität ist extrem interessant, sehr schön, sehr spannend. In den ersten zwei Tagen war ich mir allerdings nicht sicher, ob ich das weiter machen möchte, in diesem Luftschaukelschiff unterwegs zu sein oder bei Föhn über die Berge fliegen wie auf einem sturen Pony, das wild ausschlägt.

Was ist das konkret Spannende?
Man weiß nicht, wohin es geht, auf wen man trifft und unter welchen Umständen man auf jemanden trifft. Das kann ein Innenbereich sein bei einer Schutzhütte, auf der Piste, bei widrigsten, eisigen Bedingungen. Es kann ein Nichtverletzter sein, also ein Fehlalarm, ein lebensbedrohlicher Unfall oder ein bereits toter Mensch. In der Regel erfährt man große Dankbarkeit, wenn der Patient sich noch äußern kann, Erleichterung, dass endlich wer da ist, der diese Schmerzen, diese Unsicherheit, diese Angst nehmen kann. Und das ist schon eine große Genugtuung, wenn man dann dem Menschen geholfen hat. Zudem ist die enge vertrauensvolle Zusammenarbeit im Team etwas sehr Besonderes, das man in dieser Intensität bei anspruchsvollen Einsätzen sonst selten im Leben erfährt. Die Hubschrauberteammitglieder sind ein ganz toller Menschenschlag, ich habe die Zusammenarbeit sehr geschätzt.

Der Stress des Flugrettungsarztes beginnt im Moment des Notrufs …
Pieps, pieps, pieps, die Nachricht kommt rein, und jetzt kann man sich das so vorstellen: Im Kopf hat man ein Lexikon aller medizinischen Notfälle, von A bis Z, und entsprechend dem Notruf blättert man darin. Vom Absturz über eine Felswand bis zum Lawinenunfall, vom Herzinfarkt in einem Skiresort bis zum Einbruch ins Eiswasser. Wenn man dann rausgeht zum Helikopter und den Check macht, sich anschnallt, geht man mit dem Piloten und dem Flugrettungssanitäter noch mal den Fall durch. Man kennt bereits die ungefähre Flugzeit, schaut sich dann die Situation im Anflug an. Braucht man vielleicht einen Zwischenlandeplatz, um das Flugrettungstau zu montieren, muss man sich zum Verunfallten abseilen lassen? Man

Manche Situationen sind so brandgefährlich, dass Lebensgefahr für die Retter besteht.

überlegt sich, was nimmt man überhaupt alles mit? Was kann man vor Ort machen? Und dann steigt man aus oder hängt sich vom Tau ab. Am Ende kann die Versorgung alles beinhalten – von sofort mit dem Patienten ausfliegen bis zur ausgiebigen Therapie vor Ort, oder es gibt nichts mehr zu tun, weil der Patient leider tot ist.

Wie viele Einsätze hat man pro Dienst?

Das ist unterschiedlich. Es können null Tageseinsätze sein bei schlechtem Wetter oder in der Übergangszeit, es können aber auch zehn und mehr Einsätze pro Tag in der Hochsaison – Winter – sein.

Die Berge werden längst rund um die Uhr bespielt, durch Kletterer, Skifahrer, Radfahrer. Kommt es da auch zu Fällen, die man noch nie hatte?

Es gibt immer Fälle, die neu sind. Ich glaube, das ist ein großer Antrieb für viele, die in der Notfallmedizin, gerade in der Flugrettungsmedizin, tätig sind, dass sie ständig mit Neuem und Herausforderndem konfrontiert sind. Die Neuerungen, die sich in der Notfallmedizin, im prähospitalen Bereich, in den vergangenen Jahren ergeben haben, sind so riesig, dass jeder über mehrere Jahre tätige Notarzt, Flugretter oder Pilot ein Buch schreiben könnte. Jeder hat sein eigenes Geschichtenbuch im Kopf, aber auch seinen kleinen Friedhof. Auch die Medizin hat Grenzen. Das sind dann die Momente, die einem sehr lange und sehr tief im Herzen und in der Erinnerung bleiben.

Der Schriftsteller Mark Twain listet in seinem Buch *Ich besteige den Riffelberg* nicht ganz ernsthaft auf, was er für den Gipfelsturm braucht: 17 Bergführer, drei Geistliche, sieben Fässchen Nitroglyzerin und einiges mehr. Im Ernst: Was gehört in den Rucksack?

Das ist abhängig von der Tour. Aber was man immer dabeihaben sollte, ist ein Mobiltelefon, um einen Notruf absetzen zu können. Macht man Touren, die länger sind als ein, zwei Stunden, also Halbtages- oder Tagestouren, kann Kartenmaterial wichtig sein. Dann ein kleines Erste-Hilfe-Paket, wie alpine Vereine es anbieten. Und eine Alu-Schutzdecke, mit der man einen Verunfallten gegen die widrigsten Bedingungen – Regen, Schnee und Wind – schützen kann. Aber es geht auch noch um ganz wichtige, einfache Sachen, wie zum Beispiel das Verständnis, welche Gefahren auf einen Verunfallten oder Kranken lauern. Dazu gehört etwa die Gefahr eines Blitzschlages. Diese Basics muss man im Kopf haben, die muss man irgendwo gezielt gelernt haben. Ich kann als Alpinaktiver,

Was man immer mit dabeihaben sollte, ist ein Mobiltelefon, um einen Notruf absetzen zu können.

der zu einem Notfall kommt, immer nur das machen, was ich auch gelernt habe. Und: Es ist eine Bürgerpflicht, entsprechend seinem Können zu helfen.

Haben Sie mehr im Rucksack?

Ich muss ehrlich sagen, ich habe nur die Basics dabei, von denen ich grade gesprochen habe, weil ich als Einzelner am Berg leider auch nichts Großes bewirken kann. Ich bin kein Vertreter davon, dass ein Bergrettungsarzt in seinem privaten Umfeld auch einen Notartzkoffer mitträgt, das geht auch gar nicht.

Schau auf den Schwächsten in der Gruppe, mit der du unterwegs bist, denn der Schwächste bestimmt die Geschwindigkeit, mit der man weiterkommt.

Und was gehört als wichtigster Ratschlag in den Kopf?

Schau auf den Schwächsten in der Gruppe, mit der du unterwegs bist, denn der Schwächste bestimmt die Geschwindigkeit, mit der man weiterkommt. Überfordere den Schwächsten nicht. Und überschätze dich und die anderen nicht. Ist man nur allein unterwegs, hat man eine gewisse Eigenverantwortung, aber auch hier gilt: Es ist zwar gut, dass es eine Rettungskette gibt, verlasse dich aber nicht auf sie. Man sollte nicht aufbrechen im Glauben, dass es da jemanden gibt, der einen sowieso holen kommt. Das kann tödlich enden.

Peter Paal

(Jahrgang 1974), geboren in Bruneck/Südtirol, ist Primar der Abteilung für Anästhesie und Intensivmedizin am Krankenhaus Barmherzige Brüder in Salzburg, einem Lehrkrankenhaus der Paracelsus Medizinische Privatuniversität Salzburg. Paal war viele Jahre aktiver Not- und Bergrettungsarzt, er ist wissenschaftlicher Leiter der International Commission for Mountain Emergency Medicine (ICAR MedCom). Er forscht unter anderem in den Bereichen alpine Notfallmedizin, Lawinenrettung, Unterkühlung und extreme Bedingungen.

Info

ERSTE HILFE AM BERG

Was tun im alpinen Gelände, wenn ein Unfall passiert? Zehn Tipps, die man sich dafür merken sollte.

1 Die wichtigste Regel: Bewahren Sie Ruhe, Übersicht und fürchten Sie sich nicht davor, etwas falsch zu machen. Jeder kann Erste Hilfe leisten.

2 Achten Sie auf den Selbstschutz – wenn etwa Steinschlag die Ursache des Unfalls war – und auf den Schutz des Opfers.

3 Beurteilen Sie die Gesamtlage und den Verletzungsgrad. Setzen Sie, falls Sie es für wichtig halten, einen Notruf ab (der einfachste ist der Europanotruf 112; er gilt in allen EU-Ländern). Geben Sie die wichtigsten Informationen weiter: Wo sind Sie? Was ist passiert? Wie viele Opfer gibt es? Wie schwer sind sie verletzt?

4 Sichern Sie die verunfallte Person. Und sichern Sie später – falls notwendig – die Gefahrenstelle ab.

5 Versorgen Sie stark blutende Wunden. Wichtig: Führen Sie im alpinen Gelände stets eine seriöse Erste-Hilfe-Ausrüstung mit sich.

6 Atmet das Opfer, ist aber nicht ansprechbar, bringen Sie es in die stabile Seitenlage. Sorgen Sie dafür, dass es nicht auskühlt (mit einer Rettungsdecke oder Ersatzkleidung), und beobachten Sie es.

7 Atmet das Opfer nicht, starten Sie unverzüglich die Reanimation (Herzmassage, Beatmung). Hören Sie erst damit auf, wenn die Atmung einsetzt oder professionelle Hilfe eintrifft.

8 Atmet das Opfer und ist ansprechbar, vollziehen Sie mit ihm gemeinsam einen Check, welche Verletzungen es sich zugezogen haben könnte.

9 Entdecken Sie Brüche oder besteht – nach Sturz/Absturz – der Verdacht auf innere Verletzungen, setzen Sie spätestens jetzt einen Notruf ab.

10 Leisten Sie dem Opfer psychologischen Beistand und versorgen Sie es mit Wasser und Essen (außer bei Verdacht auf innere Verletzungen). Bleiben Sie bei ihm, bis der weitere Abtransport stattfindet bzw. bis das Opfer nach einer Erholungsphase selbständig seinen Weg fortsetzen kann.

112

11

VoloCity von Volocopter: ein Retter von morgen?

ZUKUNFT

Wie wir morgen gerettet werden

Alpine Flugrettung 2.0 kennt kein schlechtes Wetter, setzt noch mehr auf effiziente Ausbildung und schickt Notärzte in überdimensionalen Drohnen an den Einsatzort.

Die klassischen Hubschrauber von heute und die von morgen werden sich kaum unterscheiden. Der Grund ist einfach: Um sie besser zu machen, braucht es keine Neukonstruktion, es zählt Feinarbeit. Damit erreichen die Hersteller eine besser abrufbare Leistung (wichtig gerade im alpinen Bereich), höhere Effizienz (für eine gute Kosten-Nutzen-Rechnung), geringere Lautstärke (eine smarte Art Umweltschutz) und bessere Ergometrie (um die Crew zu entlasten).

Eine Reduktion des CO_2-Fußabdrucks wird über nachhaltiges Flugbenzin (*Sustainable Aviation Fuel*, SAF) erzielt. Dieses wird zum Teil aus Öl hergestellt, das im Haushalt als Altöl anfällt. Die Turbinen des französischen Herstellers Safran (rüstet z. B. die Airbus-Helikopter H135/H145 aus) sind bereits für den Flugbetrieb mit bis zu 50 Prozent Biokraftstoff zertifiziert. Pilotprojekte im Bereich der Flugrettung laufen seit Ende 2021 mit den Flotten von ADAC und Rega, noch 2022 möchte auch der ÖAMTC »grünes« Kerosin verwenden. Einziger Nachteil: der aktuell noch um rund 40 Prozent höhere Preis.

FIPS

Das Hubschrauber-Enteisungssystem FIPS (*Full Ice Protection System*) für den Rettungshelikopter AW169 ist aktuell in Erprobung. Es macht die Maschine so gut wie allwettertauglich.

In den nächsten Jahren dürfen wir uns auf neue Flugsysteme freuen. Die ADAC Luftrettung plant ab 2023 den Einsatz von Multicoptern vom Typ Volocopter VoloCity. Der Multicopter ähnelt eher einer Drohne als einem Hubschrauber und wird von 18 Elektromotoren angetrieben. Zwei Personen – Pilot und Notarzt – finden Platz, die Reichweite liegt bei knapp 40 Kilometern. Der ADAC kooperiert seit 2018 mit Volocopter, die Vorzüge dieser Fluggeräte bestätigt eine Studie des Instituts für Notfallmedizin und Medizinmanagement der Ludwig-Maximilians-Universität München: Für sie wurden 26.000 Notfalleinsätze simuliert.

Die Schweizer Firma Dufour Aerospace plant mittelfristig einen Hybriden aus Helikopter und Flugzeug. Der elektrisch angetriebene Aero3 besitzt Kippflügel mit sechs Front- und zwei Heckrotoren. Hinter dem Projekt steht mit Thomas Pfammater ein aktiver Rettungspilot der Air Zermatt. Das garantiert Praxistauglichkeit: Im Betrieb soll der Aero3, der drei Stunden Reichweite besitzt, deutlich günstiger sein als turbinengetriebene Helikopter. Im Windkanal hat sich der Aero3 bereits bewährt, der Termin für den Produktionsstart steht noch aus.

Airbus, der Marktführer in Sachen Rettungshubschrauber, sieht sein Konzept CityAirbus NextGen als künftiges Transportmittel für Rettungscrews. Das Fluggerät, dessen voluminöserer Vorläufer CityAirbus bereits unbemannte Testflüge absolviert hat, besitzt fixe Tragflächen, ein V-förmiges Heck und insgesamt acht elektrisch betriebene Rotoren. Die Reichweite liegt bei etwa 80 Kilometern, die Geschwindigkeit bei rund 120 km/h. Erste Prototypen sollten 2023 das erste Mal abheben.

Dufour Aero3: Erste Tests im Windkanal waren bereits erfolgreich.

Das Wunschziel der Flugretter ist, ihre Hubschrauber zu jeder Tages- und Nachtzeit einsetzen zu können – und zu jeder Jahreszeit. In Sachen Hardware kommt die Schweizer Rega diesem Ideal bald nahe: Sie stellt 2023 drei Helikopter vom Typ AgustaWestland Leonardo AW169-FIPS in Dienst. Das Kürzel FIPS steht für *Full Ice Protection System*: Dieses Enteisungssystem löst bei bis zu – 40 °C das Problem der Vereisung des Rumpfes und der Rotorflügel. Das hilft speziell beim Flug durch die Wolken: Hubschrauber reagieren nämlich sensibel auf Schnee und Eis, die Aerodynamik und Balance empfindlich stören.

Da Hubschrauberpiloten bislang fast ausschließlich auf Sicht flogen, haben tiefhängende Wolken und Nebel oft Einsätze verhindert. Der Ausweg heißt Fliegen unter Instrumentenflugbedingungen (IFR): Dabei nimmt die Elektronik dem Piloten das Steuer aus der Hand. Systeme dieser Art funktionieren im Rettungsflug bereits in Norwegen und in der Schweiz. Das Innerschweizer *Low Flight Network* (LFN) ist auf Initiative der Rega und der Schweizer Luftwaffe entstanden. LFN ähnelt einem Straßennetz, das im Blindflug befahren werden kann. Die Stützpunkte der Flugretter und auch Krankenhäuser sind gleichsam als Ausfahrten gekennzeichnet und können direkt angeflogen werden.

In Österreich wird aktuell ebenfalls ein IFR-Netz aufgebaut. Im Rahmen eines europäischen Pilotprojekts ist der ÖAMTC-Standort

IFR

Das Fliegen unter Instrumentenflugbedingungen (IFR, *Instrument Flight Rules*) erlaubt es Piloten, bei Nacht und schlechtem Wetter Ziele gleichsam im Blindflug anzusteuern.

Oberwart (Helikopter Christophorus 16) bereits für Instrumentenflug zugelassen. Das erste adaptierte Krankenhaus ist das EKH Graz. (Ein zweiter IFR-Rettungshubschrauber ist der am nebelanfälligen Flughafen Klagenfurt stationierte Christophorus 11.)

Was die künftige Ausstattung der Rettungshubschrauber mit weiteren medizinischen Geräten betrifft, müssen diese von Gewicht und Platzbedarf her kompatibel sein: Ein CT oder MRT an Bord scheidet damit vorerst aus. Bluttransfusionen an Bord könnten sich vermehrt durchsetzen: Die Great North Air Ambulance Service im Norden Englands startete bereits 2015 das Projekt Blood on Board. Eine Kühlbox hält dabei Blutplasma sowie Blutkonserven vom Universalspendertyp 0 negativ 48 Stunden frisch.

Gesundheit

Mittel- und langfristig wird sich die Flugrettung zu einem noch wichtigeren Teil der Gesundheitslogistik entwickeln. Auch deshalb, weil sie Kosten einspart.

In Bereich der Crewausbildung geht die Entwicklung stärker in Richtung integratives praktisches Training, prophezeit Bernd Lang, Leiter des ÖAMTC AirRescueCollege und ein Mastermind des Aeromedical Crew Resource Management im Europäischen Verband der Rettungsflieger EHAC. Unterschiedliche Professionen trainieren im Team am effizientesten, Lehrinhalte werden dann plausibler verknüpft.

Parallel zu praktischen Ausbildungen erleichtern Virtual-Reality-Programme und E-Learning künftig die laufende Fortbildung. Damit lassen sich verstreut eingesetzte Crews zum jeweils richtigen Zeitpunkt mit Information füttern.

Ein weiterer Punkt ist die Fortbildung des Personals von Leitstellen bzw. an Schnittstellen innerhalb der Organisationen: Je präziser die erste Kontaktaufnahme bei einem Unfall, desto geringer der Zeitverlust am Beginn der Rettungskette.

Die Flugrettung wandelt sich mittel- und langfristig immer mehr vom Dienstleister am Rande des Gesundheitssystems zum wichtigen Bestandteil der gesamten Gesundheitslogistik. Immer mehr regionale Krankenhäuser werden aus Kostengründen geschlossen oder an Schwerpunkteinheiten angegliedert. Das erfordert effiziente Zubringerdienste, um die Patienten in Randlagen rund um die Uhr zu versorgen. Die Flugrettung wird aber auch vermehrt zwischen Krankenhäusern agieren und so etwa die Auslastung teurer medizinischer Infrastruktur garantieren.

Der volkswirtschaftliche Nutzen der Flugrettung ist unbestritten, wenn auch noch zu wenig quantifiziert. Die ÖAMTC-Flugrettung und das Wirtschaftsforschungsinstitut Economia haben diese Lücke

Airbus-Modell CityAirbus NextGen: Fliegt elektrisch und reagiert wie ein Helikopter.

mit einer Studie geschlossen. Der Geschäftsführer der ÖAMTC-Flugrettung, Cpt. Reinhard Kraxner, wollte vor allem eine simple Frage beantwortet bekommen: Wie viele Euro lukriere ich, wenn ich einen Euro in die Flugrettung investiere? Aus Komplexitätsgründen beschränkte man sich vorerst auf die Diagnosen Herzinfarkt und Schlaganfall, wobei 30.258 stationäre Aufnahmen untersucht wurden. Das Ergebnis: Bei einem Herzinfarkt bekommt man pro investiertem Euro acht Euro heraus – durch kürzere Krankenstände, geringere Reha-Kosten und nicht anfallende Berentungskosten. Bei einem Schlaganfall sind es sogar 15,60 Euro. Eine Erhöhung des Helikoptereinsatzes auf 20 Prozent aller stationären Einlieferungen hat, so die Studie, ein Einsparungspotenzial von 82,3 Mio. Euro – und 11.966 gewonnen Lebensjahren.

12

AUF EINEN BLICK

Zahlen, Daten, Fakten

Im folgenden Serviceteil finden Sie eine Übersichtskarte mit allen alpinen Flugrettungsbasen und ausführlichen Steckbriefen der jeweiligen Anbieter. Plus: Wie Sie im Fall des Falles einen Rettungshubschrauber alarmieren.

ADAC Luftrettung

ADAC Luftrettung GmbH, Hansastraße 19, D-80686 München,
Tel.: +49 89 7676; E-Mail: info@luftrettung.adac.de, Website: www.luftrettung.adac.at

RECHTSFORM

Der ADAC besteht seit 2016 aus einem eingetragenen Verein, einer europäischen Aktiengesellschaft und einer Stiftung. Die ADAC Luftrettung GmbH ist eine hundertprozentige Tochter der ADAC Stiftung.

- **Geschäftsführer ADAC Flugrettung:** Frédéric Bruder
- **Geschäftsführer ADAC HEMS Academy:** Steven Igodt
- **Geschäftsführer Medizin der ADAC HEMS Academy:** Dr. Matthias Ruppert

GESCHICHTE

Als die Zahl der Verkehrstoten 1967 in Westdeutschland dramatische Ausmaße erreicht, entsteht auf Druck von Notfallmedizinern ein neues Konzept der Erstversorgung: Es bringt den Notarzt auf dem schnellsten Weg zum Patienten und nicht mehr umgekehrt. Ende der 1960er-Jahre startet der ADAC einen Probelauf mit angemieteten Hubschraubern. Mit dem Hubschrauber Christoph 1 wird am 1. November 1970 der erste zivile permanent betriebene Rettungshubschrauber in München-Harlaching stationiert – die Geburtsstunde der Luftrettung. Das Erfolgsgeheimnis der ADAC Luftrettung war von Beginn an das konsequente Zusammenfügen aller für die Luftrettung notwendigen Puzzlestücke. Bereits 1973 wird die erste Fachtagung zum Thema Luftrettung ausgerichtet. Seine Größe erlaubt es dem ADAC, unter seinem Dach auch systemrelevante Dienstleistungen anzubieten. So betreibt er seit 2008 in St. Augustin bei Bonn mit der ADAC HEMS Academy die bei ihrer Gründung weltweit erste Ausbildungs- und Trainingsstätte für Hubschrauberpiloten, Notärzte und Rettungsassistenten – inklusive Simulatoren für Helikopter. Die Flotte wird von der ADAC Heliservice GmbH gewartet, die ebenfalls in St. Augustin 150 Spezialisten beschäftigt.

FLOTTE

Die 37 Stationen werden mit rund 50 Hubschraubern betrieben. Im Einsatz sind die Modelle Airbus H145 und H135.

STANDORTE

Der ADAC betreibt in Deutschland 37 Stationen, von denen drei rund um die Uhr in Betrieb sind. Die Maschinen von vier Stationen sind mit einer Rettungswinde ausgestattet, von denen zwei (Christoph 1 und Christoph Murnau) durch ihre Nähe zu den Alpen am häufigsten alpine Rettungssituationen vorfinden.

- **Christoph 1:** ADAC Luftrettungsstation München, c/o Klinikum Harlaching, Städtisches Klinikum München GmbH, Sanatoriumsplatz 2, D-81545 München, Tel.: +49 89 76760 E-Mail: info@luftrettung.adac.de
- **Christoph Murnau:** ADAC Luftrettungsstation Murnau, c/o BG Klinikum Murnau gGmbH, Prof.-Küntscher-Straße 8, D-82418 Murnau, Tel.: +49 89 76760, E-Mail: info@luftrettung.adac.de

PERSONAL

Die ADAC Flugrettung beschäftigt insgesamt rund 300 Personen. Piloten, Notfallsanitäter und Windenspezialisten sind beim ADAC angestellt, die Notärzte werden von Kliniken im Umfeld der jeweiligen Rettungsstationen gestellt. In der Regel besteht ein Stationsteam aus drei Piloten, fünf Notfallsanitätern und 15 Notärzten.

RETTUNGSEINSÄTZE

Die ADAC Luftrettung bewältigte 2021 insgesamt 52.234 Einsätze. Christoph 1 und Christoph Murnau kamen dabei auf rund 2700 Einsätze. Spezielle alpine Einsätze sind nicht ausgewiesen.

D-HYAL
H145
NOTARZT
50 Jahre
Christoph
1970
2020
Christoph 1

Air-Glaciers SA

Air-Glaciers SA, Rte de l'Aéroport 60, CH-1950 Sion, Tel.: +41 27 329 14 15, E-Mail: info@air-glacier.ch, Website: www.air-glaciers.ch

RECHTSFORM

Die Air-Glaciers SA ist eine Aktiengesellschaft mit Sitz in der Schweiz.

- **Direktor:** Bernard Vogel
- **Flugbetriebsleiter:** Patrick Fauchère
- **Medizinischer Leiter:** Pierre Métrailler

GESCHICHTE

1963 absolvierte der Walliser Bruno Bagnoud, ein begeisterter Sportler und Privatpilot, den Bergführer-Aspirantenkurs. Im Zuge dieses Kurses zog sich ein Kandidat eine Fraktur des Oberschenkels zu. Eine Helikopterevakuierung wurde eingeleitet, die der bekannte Schweizer Pilot Hermann Geiger flog. Starker Wind verhinderte, dass Geiger direkt an der Unglücksstelle landen konnte: Sein Helikopter war zu schwach. Erst als der Patient an eine geeignetere Stelle getragen wurde, konnte er ausgeflogen werden. Dieser Rettungseinsatz war die Initialzündung für Bagnoud, 1965 mit Geiger und Fernand Martignoni – wegen seiner Meriten als Rettungspilot »Fliegender Bernhardiner« genannt – die Air-Glaciers als Rettungsflugunternehmen zu gründen. Die erste Basis entstand in Sion/Sitten am 1. August 1965. Fünf Jahre später entwickelte die Air-Glaciers eine Rettungskarte und expandierte in der Folge in die Kantone Bern (Lauterbrunnen, 1971) und ins Waadtland (Leysin, 1979).

Das Kerngeschäft der Air-Glaciers, die Flüge aller Art anbietet und auch eine Flugschule betreibt, ist die Luftrettung. Das Maison François-Xavier Bagnoud du sauvetage (benannt nach dem bei der Rallye Dakar mit einem Helikopter tödlich verunglückten Sohn von Bruno Bagnoud) in Sion/Sitten dient seit 1995 als Basis für die Rettungseinsätze und als Trainingszentrum für Aus- und Weiterbildungen. Hier sind Bergführer, Helikopterpiloten und Notärzte unter einem Dach vereint. Die auf der Basis anwesenden Notärzte der Air-Glaciers sind rund um die Uhr einsatzbereit und nicht nur in der Luft anzutreffen: Auf dem Boden arbeiten sie für den mobilen Notarztdienst SMUR Sitten/Sion.

FLOTTE

Die Air-Glaciers betreibt vier Varianten des Airbus H135 (je zwei H135/EC135 T2+, einen T1 und einen T3), die jeweils mit einer Winde ausgestattet sind.

STANDORTE

Die Air-Glaciers operiert von sechs Stationen aus, von denen vier für Rettungsflüge ausgerüstet sind.

- **Basis Sion/Sitten (Wallis):** Rte de l'Aéroport 60, CH-1950 Sion, Tel.: +41 27 329 14 15, E-Mail: sion@air-glaciers.ch
- **Basis Collombey (Wallis):** Z.I. Pré-Loup 21, Case postale 236, CH-1868 Collombey, Tel.: +41 24 473 70 70, E-Mail: collonbey@air-glaciers.ch
- **Basis Lauterbrunnen (Bern):** Heliport In der Weid 217E, CH-3822 Lauterbrunnen, Tel.: +41 33 856.05.60, E-Mail: agl@air-glaciers.ch
- **Basis Gstaad-Saanenland (Bern):** Oeystrasse 29, CH-3792 Saanen, Tel.: +41 33 744 55 50, E-Mail: gstaad@air-glaciers.ch

PERSONAL

Der Gesamtpersonalstand beträgt rund 160 Personen. Die Ärzte für die Luftrettungen stammen von der Gebirgs-Notärzte-Vereinigung GRIMM (Groupement d'Intervention Médicale en Montagne).

PARTNER

Seit 1. Mai 2020 kooperiert die Air-Glaciers eng mit der Air Zermatt. Während der Hochsaison halten beide gesamt acht Maschinen samt Besatzung in Bereitschaft.

GÖNNERMODELL

Seit 2016 deckt eine Rettungskarte die Kosten für medizinische Sofortmaßnahmen (unabhängig vom Transportmittel, Ambulanz und/oder Rettungshelikopter). Kosten pro Jahr ab 35 CHF/Person.

RETTUNGSEINSÄTZE

Die Air-Glaciers bewältigte im Jahr 2021 2177 Rettungseinsätze; 70 Prozent davon werden von der Basis Sion durchgeführt. Seit ihrem Bestehen hat die Air-Glaciers rund 60.000 Rettungseinsätze absolviert.

Air Zermatt

Medienanfragen unter media@air-zermatt.ch, Website: www.air-zermatt.ch

RECHTSFORM

Die Air Zermatt ist eine Aktiengesellschaft. Unternehmensgegenstand sind unter anderem Rettungs- und Transportflüge sowie touristische Flüge.

- **CEO:** Gerold Biner
- **Technischer Leiter:** René Lauber
- **Ärztlicher Leiter:** Dr. med. Phillip Venetz
- **Leiter des Rettungsdienstes:** Günther Willisch

GESCHICHTE

Die Air Zermatt AG wurde1968 von Beat H. Perren gegründet – mit einem Helikopter, einem Piloten und einem Mechaniker. Die Philosophie dahinter war, verletzten und erkrankten Personen schnellstmögliche Hilfe zu bieten, aber auch die Lebensmittelversorgung für das Dorf Zermatt sicherzustellen, wenn die damals einzige Verbindung per Bahn durch Steinschlag oder Lawinen unterbrochen war.
In ihrer über 50-jährigen Geschichte hat sich die Air Zermatt konstant weiterentwickelt – vom »einfachen« Helikopter, der ausschließlich für Rettungseinsätze benutzt wurde, bis zu einer Flotte von aktuell zehn Helikoptern. Mit diesen können extreme Rettungen ebenso durchgeführt werden wie Transporte und Touristenflüge.
Die Air Zermatt sah sich immer als internationale Rettungsorganisation. 2005 reiste eine Mannschaft aus Zermatt nach Pakistan, um einen seit fünf Tagen blockierten slowenischen Extrembergsteiger zu retten. Derselbe Bergsteiger benötigte 2009 erneut Hilfe, diesmal im nepalesischen Langtang-Lirung-Massiv auf 6000 Meter Seehöhe. Die Rettung glückte: Es war dies die erste Direktrettung in Nepal. In der Folge bildete die Air Zermatt vor Ort nepalesische Piloten und Bergretter aus. 2011 gründete die Air Zermatt zudem die Alpine Rescue Foundation ARF, über die interessierte Länderorganisationen rettungstechnisches Know-how abrufen können.
Mit dem Training Center ATC betreibt die Air Zermatt seit 2014 in Zermatt ein einzigartiges Aus- und Weiterbildungszentrum, dessen professionelle Mitarbeiter ihren Erfahrungsschatz auf dem Gebiet der Notfallmedizin und der alpinen Rettung weitergeben. Das Angebot reicht von Erste-Hilfe-Kursen für Laien über die Ausbildung von Spezialisten aus jedem Bereich der Rettung bis zur Pilotenweiterbildung in der Flugschule für Berufspiloten.
Die Air Zermatt wurde mehrfach mit dem Heroism Award ausgezeichnet, einer Art Oscar der Lüfte, den das US-Außenministerium stiftet. 1971 wurde die Auszeichnung für die erste Direktrettung aus der Eiger-Nordwand mittels Seilwinde vergeben, 2011 für die welthöchste Direktrettung (6950 Meter Seehöhe, Dhaulagiri/Himalaya).

FLOTTE

Die Air Zermatt hält in der Hochsaison drei und in der Zwischensaison zwei Rettungshelikopter bereit. Bei Bedarf wird die Kapazität durch weitere Maschinen erhöht. Geflogen wird mit zwei blindflugtauglichen Bell 429 (ausgestattet mit Suchscheinwerfer und 90-Meter-Seilwinde), einem Airbus Helicopters EC135 T3 (mit Seilwinde), einem Airbus Helicopters EC130 T2 sowie sechs AS350 B3 Écureuil.

STANDORTE

- **Heliport Zermatt:** Spissstrasse 107, CH-3920 Zermatt; Tel.: +41 27 570 70 00, E-Mail: zermatt@air-zermatt.ch
- **Heliport Raron:** Wolfseyastrasse 11 CH-3942 Raron; Tel.: +41 27 570 70 70, E-Mail: raron@air-zermatt.ch
- **Heliport Gampel:** Niedergampelstrasse, CH-3945 Gampel; Tel.: +41 27 570 70 70, E-Mail: raron@air-zermatt.ch

PERSONAL

Aktuell hat die Air Zermatt 76 fest angestellte Mitarbeiter: 14 Piloten, 13 Flughelfer, 15 Sanitäter und 44 Verwaltungs-

angestellte/Techniker. Die Ärzte stammen aus einem Pool von 40 Fachärzten, die jeweils mindestens 20 Dienste pro Jahr leisten (Einsatzbereitschaft 24 Stunden).

SPONSOREN

Hamilton International, Helly Hansen, Hertz / Volvo, Victorinox, Meindl. Die Air Zermatt ist Partner der Kantonalen Walliser Rettungsorganisation KWRO. Seit März 2020 kooperiert die Air Zermatt eng mit der Air-Glaciers.

GÖNNERMODELL

Zu einem Jahresbeitrag von ab 35 CHF/Person sind Bergekosten versicherungstechnisch gedeckt.

RETTUNGSEINSÄTZE

Die Air Zermatt absolvierte 2021 rund 1800 Helikopter-Rettungseinsätze und über 900 Flugstunden.

Aiut Alpin Dolomites

Aiut Alpin Dolomites, I-39046 St.Ulrich/Gröden, Tel.: +39 0471 797766 (Büro), Zentrale/Hangar +39 0471 786448, E-Mail: info@aiut-alpin-dolomites.com, Website: www.aiut-alpin-dolomites.com

RECHTSFORM

Die Südtiroler Aiut Alpin Dolomites (ladinisch für Alpine Hilfe in den Dolomiten) ist eine gemeinnützig eingetragene Vereinigung (E.V.) ohne Erwerbszweck.

- **Präsident:** Adam Holzknecht
- **Medizinischer Leiter:** Dr. Alex Hofer
- **Technischer Leiter:** Hubert Moroder

GESCHICHTE

Hinter der Organisation stehen aktuell 17 Mannschaften freiwilliger Bergretter rund um die ladinischen Dolomitentäler. Deren Motiv ist – so die offizielle Beschreibung – seit jeher die Solidarität gegenüber Menschen in Not. Die Bergrettung hat hier eine lange Tradition: Sie begann mit dem Einsetzen des Alpinismus, der in den Dolomiten in den letzten Jahrzehnten des 19. Jahrhunderts seinen Anfang nahm. Der erste Rettungseinsatz in Gröden, von dem man verlässliche Dokumente besitzt, fand 1898 in der Langkofelgruppe statt.
Um das Einsatzgebiet der Bergrettung zu erweitern und zusätzliche Rettungsmannschaften einzubinden, erfolgte am 17. Juli 1990 die Gründung der Union Aiut Alpin Dolomites. (Aktiv war die AAD bereits seit 1987.) Als Fluggerät wurde eine Écureuil AS 350B1 angemietet, inklusive Seilwinde. Bereits im ersten Jahr wurden über 100 Rettungseinsätze absolviert.
Nach finanziellen Turbulenzen und organisatorischen Unstimmigkeiten, was die Aufteilung der Rettungseinsätze und deren finanzielle Abgeltung betrifft, war es vor allem ein Gutachten der bayerischen Firma Orgakom, das der AAD ihre Existenzberechtigung konstatierte. Der Bericht bezeichnet den Helikopter der AAD aufgrund seiner Leistung nicht nur als Rettungshelikopter, sondern auch als technisches Arbeitsmittel der Bergrettung.
Seit Juli 1998 ist die AAD offiziell in das Rettungssystem Südtirols eingebunden. 2003 wechselte der Stützpunkt von der Sanon-Hütte auf der Seiser Alm in einen Hangar in Pontives nahe St. Ulrich.
Geländebedingt sind für Einsätze von Rettungshubschraubern in den Dolomiten zwei Dinge wesentlich: Seilwinde oder Fixseil. Nur damit können Retter präzise bei Verunfallten abgesetzt und Letztere auch aus heiklen Situationen geborgen werden. Diese Rettungstechnik erfordert blindes Vertrauen zwischen Pilot und Mannschaft.

FLOTTE

Aktuell benutzt die AAD ein Modell des Typs Airbus H135 T3. Die Maschine ist sowohl mit einer Winde (Nutzlast 270 kg) als auch einer Fixtauvorrichtung ausgerüstet. Im Winter 2021/22 wurde zudem eine Maschine des ÖAMTC (EC135 T3) angemietet.

STANDORT

I-AIUT: (Samstag vor Maria Empfängnis, also 8. Dezember, bis Ostermontag bzw. Schließungszeit des Skigebietes Dolomiti Superski sowie Mitte Juni bis Ende Oktober): I-39040 Pontives (Lajen)/Gröden, Tel.: +39 471 797171, E-Mail: info@aiut-alpin-dolomites.com

PERSONAL

Aktuell fünf Piloten, ca. 30 Notärzte, acht Windenspezialisten und zwei Verwaltungskräfte. Flugretter werden von der Bergrettungsorganisation Corpo Nazionale Soccorso Alpino e Speleologico (CNSAS) und dem Bergrettungsdienst BRD ausgebildet und zur Verfügung gestellt.

PARTNER

Bergrettungsdienst Südtirol im AVS, Flugrettung Südtirol, Landesnotrufzentrale 112, Südtiroler Berg- und Höhlenrettung des CNSAS

AKTUELLE SPONSOREN

Raiffeisen, Assimoco, Brauerei Forst, Leitner, Salewa, Nils und Alperia

RETTUNGSEINSÄTZE

Die AAD flog 2021 671 Einsätze (ca. 36 Minuten/Einsatz), davon waren rund 25 Prozent alpine Einsätze. Im bisherigen Rekordjahr 2019 waren es 1085 Einsätze (ca. 35 Minuten/Einsatz).

Alpine Air Ambulance (AAA)

AAA Alpine Air Ambulance AG, Verenastrasse 11, CH-8832 Wollerau,
Tel.: +41 4481 30909, E-Mail: info@air-ambulance.ch, Website: www.airambulance.ch

RECHTSFORM

Die schweizerische Alpine Air Ambulance AG (AAA) ist eine Aktiengesellschaft im mehrheitlichen Besitz der Lions Air Group AG. Seit 2019 hält die deutsche DRF Luftrettung eine Minderheitsbeteiligung.

- **Geschäftsführung:** Jürg Fleischmann
- **Mitglied der Geschäftsführung:** Dr. Krystian Pracz
- **Leitung Administration und Ground-OPS:** Ursula Huber
- **Medizinischer Leiter:** Prof. Dr. Reto Stocker

GESCHICHTE

Die schweizerische Alpine Air Ambulance AAA wurde 2011 als gemeinsames Unternehmen des Touring Clubs Schweiz (TCS) und der Lions Air Group AG gegründet. Die Muttergesellschaft, die schweizerische Lions Air Group AG, widmet sich seit 1987 dem klassischen Charter-Luftverkehr mit Flugzeugen und Helikoptern (bis 2016 in der Firma Skymedia AG) vor allem im High-End-Bereich. Die Alpine Air Ambulance AG (AAA) ist zusätzlich zur Luftrettung ein Spezialist für Patiententransporte in der Luft und am Boden sowie verantwortlich für alle schweizerischen Organtransporte (Swisstransplant). Letztere werden über eine eigene Einsatzzentrale koordiniert.

FLOTTE

Die Alpine Air Ambulance setzt nachtflugtaugliche Airbus Helicopters H135 ein, die teilweise mit einer Seilwinde bzw. einer Longline ausgestattet sind. Insgesamt hat die AAA Zugriff auf sechs Helikopter und über zwölf Bodenambulanzen sowie auf alle Flugzeuge der gesamten Lions Air-Flotte.

STANDORT

Lions 1 (ganzjährig): Regionalflugplatz Birrfeld, CH-5242 Lupfig, Tel.: +41 56 464 40 40, E-Mail: info@air-ambulance.ch

PERSONAL

Die AAA beschäftigt total über 120 Mitarbeitende (Rettungshelikopterpiloten, Flugretter, Notärzte sowie Techniker, Einsatzleiter und Finanz- und Verwaltungskräfte).

PARTNER

Die AAA kooperiert mit der Züricher Klinik Hirslanden.

FÖRDERMODELL

Die AAA bietet eine Versicherung für Rettung und Bergung an, kein klassisches Fördermodell. Seit 2016 deckt die SOS 144-Rettungskarte die Kosten für medizinische Sofortmaßnahmen (unabhängig vom Transportmittel, Ambulanz und/oder Rettungshelikopter). Kosten pro Jahr 60 CHF/Person, 90 CHF/Familie.

RETTUNGSEINSÄTZE

Die AAA bewältigte im Jahr 2021 rund 8500 Einsätze. Alpine Sport- und Freizeitunfälle machten gesamt etwa 60 Prozent der Luftrettungseinsätze aus. Seit ihrer Gründung hat die AAA bisher rund 50.000 Einsätze absolviert.

HB-ZUE
Notruf
144

AP³ Luftrettung

AP³ Luftrettung GmbH, Rita-Maiburg-Straße 2, D-70794 Filderstadt,
Tel: +42 3233 3273, E-Mail: info@ap3-luftrettung.com, Website: www.ap3-luftrettung.com

RECHTSFORM

Die AP³ Luftrettung ist eine gemeinsame GmbH (Firmensitz in Filderstadt, D) der deutschen DRF Luftrettung, der in Österreich tätigen ARA Flugrettung und der Schweizer Alpine Air Ambulance AG (AAA). Die ARA Flugrettung (eine gemeinnützige GmbH) ist zu 80 Prozent in Besitz der DRF Luftrettung und zu 20 Prozent des Österreichischen Roten Kreuzes.

- **Gesellschafter:** Dr. Krystian Pracz (geschäftsführender Vorstand DRF Luftrettung), Peter Huber (Vorstand DRF Luftrettung und ARA Luftrettung) und Jürg Fleischmann (CEO und VR-Delegierter der AAA Alpine Air Ambulance).
- **Chefarzt:** Prof. Dr. Reto Stocker, Hirslanden Gruppe Schweiz
- **Chefpilot:** Sascha Fleischmann

GESCHICHTE

Um die grenzüberschreitende Luftrettung in der D-A-CH-Alpinregion effizienter zu gestalten, gründeten die deutsche DRF Luftrettung, die österreichische ARA Flugrettung und die Schweizer Alpine Air Ambulance AG (AAA) 2017 eine gemeinsame Gesellschaft. Der Name AP³ Luftrettung bringt die Zusammenarbeit der drei Partner zum Ausdruck. Zwischen den Gesellschaften bestehen seit vielen Jahren Geschäftsbeziehungen in den Bereichen Luftfahrzeuge und Luftfahrzeugwartung. Alle drei Partner verfügen in ihren Heimatländern über langjährige Erfahrungen und eine umfangreiche Expertise im Bereich Luftrettung. Sie verfügen über moderne Hubschrauber und erfahrenes fliegerisches sowie medizinisches Personal. Ziel der Kooperation ist die Stärkung der Luftrettung im Vier-Länder-Eck Schweiz, Deutschland, Liechtenstein und Österreich, ein effizienter Ressourceneinsatz und der gemeinsame Betrieb von Rettungsstationen.

FLOTTE

Die AP³ Luftrettung setzt einen Rettungshubschrauber des Typs Airbus Helicopters EC135 (Kennung Christoph Liechtenstein) ein. Dieser fliegt Rettungs-, Such- und Bergungseinsätze, eignet sich aber auch für Verlegungs- und Organtransporte. Dafür ist die Maschine hochmodern ausgerüstet: Ein invasives Monitoring, das Beatmungsgerät, eine mechanische Reanimationshilfe, die Swiss ToxBox mit Antidoten und ein Videolaryngoskop ermöglichen der Crew die bestmöglichen Behandlungsmöglichkeiten am Ereignisort und während des Transports in die Klinik. Die Maschine ist mit einer Rettungswinde und einem Doppelhaken für Longline-Einsätze ausgestattet.

STANDORT

- **Christoph Liechtenstein:** Heliport Balzers, Schifflände 2, FL-9496 Balzers, Liechtenstein, Tel.: +42 3380 03 03, E-Mail: info@ap3-luftrettung.com

Die Basis Balzers wird seit 19. Dezember 2018 von der schweizerischen Alpine Air Ambulance AG (AAA) ganzjährig betrieben.

PERSONAL

Rund um die Uhr steht eine Dreipersonen-Crew auf Abruf bereit: Pilot, ein Notarzt und ein Rettungssanitäter als HEMS TC (Helicopter Emergency Medical Service Technical Crew Member).

PARTNER

DRF Luftrettung (D), ARA Flugrettung (AUT) und Alpine Air Ambulance AG (CH)

RETTUNGSEINSÄTZE

Die AP³ flog im Jahr 2021 rund 500 Einsätze, davon hatten rund 70 Prozent einen alpinen Hintergrund.

Notruf
144
NOTARZT

ARA Flugrettung

ARA Flugrettung gemeinnützige GmbH, Flughafenstraße 60-64, A-9020 Klagenfurt,
Tel.: +43 4265 20900, E-Mail: info@ara-flugrettung.at, Website: www.ara-flugrettung.at

RECHTSFORM

Die österreichische ARA Flugrettung ist eine gemeinnützige GmbH. Das Unternehmen mit Sitz in Klagenfurt am Wörthersee ist zu 80 Prozent im Besitz der deutschen DRF-Gruppe und zu 20 Prozent des Kärntner Roten Kreuzes.

- **Geschäftsführer:** Mag. Thomas Jank
- **Flugbetriebsleiter:** Jörg Redetzky
- **Medizinischer Leiter:** Dr. Gernot Aichinger

GESCHICHTE

Die offizielle Geburtsstunde der ARA-Flugrettung ist der 30. April 2001: An diesem Tag wurde der damals noch vom Roten Kreuz Kärnten betriebene Notarzthubschrauber RK-1 am Flughafen Klagenfurt offiziell in Dienst gestellt.
In den darauffolgenden Wochen fixierte das Rote Kreuz die Kooperation mit der DRF Luftrettung: Am 10. August 2001 erfolgte die Eintragung des gemeinsamen, gemeinnützigen Unternehmens in das Firmenbuch. Zwei Stationen wurden vorerst in Kärnten (Klagenfurt bis Dezember 2001, Spittal/Drau von Dezember 2001 bis April 2002 und Fresach seit April 2002) bzw. in Tirol (Reutte, 2002) installiert.
2018 stellte die ARA mit dem Airbus H145 (statt des MBB/Kawasaki BK 117) den weltweit modernsten Notarzthubschrauber in den Dienst. 2019 und 2020 folgte die Aufnahme des Nachtflugbetriebs mit Restlichtverstärkerbrille in Folge der Ausweitung der Dienstzeiten. Seit Winter 2021 darf die ARA Flugrettung als erstes Flugrettungsunternehmen in Österreich und Deutschland auch bei Dunkelheit Windenbergungen durchführen. Nach dem Aus des Anbieters FlyMed übernahm die ARA zudem deren Agenden am Kärntner Nassfeld: Seit Mitte Dezember 2021 ist eine Maschine in der Skiregion stationiert. Sie steht auch für Primäreinsätze abseits der Skipiste zur Verfügung.

Die ARA Flugrettung ist Mitglied der Internationalen Kommission für Alpines Rettungswesen (IKAR), deren Ziel die Weiterentwicklung der alpinen Rettung und Sicherheit ist.

FLOTTE

Die ARA-Flugrettung setzt aktuell drei Hubschrauber ein: zwei Modelle Airbus H145 und ein Modell Airbus EC135 P2+. Die H145 sind mit jeweils einer Rettungswinde ausgestattet. Ihr spezielles Highlight ist die medizinisch-technische Ausstattung: Für Konzeption, Entwicklung und Zulassung des innovativen Innenraumkonzepts ging die ARA-Mutter DRF Luftrettung mit der Bucher Leichtbau AG und der ADAC Luftrettung eine Kooperation ein. Wesentlicher Vorteil des Gemeinschaftsprojekts: Die einheitliche Grundausstattung lässt sich flexibel auf verschiedenste Einsatzprofile anpassen, vom Notfalleinsatz bis zum Transport bei Großschadenslagen.

STANDORTE

- **ARA-1** (ganzjährig): Mitterberg 70, A-9712 Fresach, Tel.: +43 4245 6517715, E-Mail: station.fresach@ara-flugrettung.at
- **ARA-2** (ganzjährig): Bezirkskrankenhaus Reutte/Tirol, Krankenhausstraße 39, A-6600 Ehenbichl, Tel.: +43 5672 64998, E-Mail: station.reutte@ara-flugrettung.at
- **ARA-3** (im Winter): Sonnenalpe Nassfeld, A-9620 Hermagor-Pressegger See, Tel.: +43 664 1676829, E-Mail: station.nassfeld@ara-flugrettung.at

In Fresach und Reutte wird mit einer Vier-Mann-Crew (Pilot, Windenoperateur, Flugretter, Notarzt) geflogen, die bei Bedarf um weitere Spezialkräfte (Bergretter, Fachärzte, Intensivpfleger, Hundeführer bei Lawineneinsätzen) ergänzt wird. Am Nassfeld kommt eine Drei-Personen-Crew (Pilot, HEMS-TC, Notarzt) zum Einsatz.

PERSONAL

Der Personalstand beträgt aktuell 94 Personen: 13 Piloten, 13 Windenoperateuren (HEMS-TC), 19 Flugretter, 39 Notärzte und sieben Verwaltungskräfte.

PARTNER

Seit Oktober 2020 unterstützt der Förderverein der ARA Flugrettung (FAF) die Finanzierung des Flugrettungssystems. Weitere Partner: Kärntner Rotes Kreuz und die Kelag.

RETTUNGSEINSÄTZE

Die ARA-Flugrettung bewältigt 2021 2147 Einsätze (1125 in Fresach, 1000 in Reutte und 22 am Nassfeld) mit in Summe rund 79.000 Flugminuten. 288 dieser Einsätze waren Nachteinsätze, 236 Windeneinsätze. Alpine Sport- und Freizeitunfälle machten gesamt etwa ein Viertel der Einsätze aus.

BBK-Luftrettung Deutschland

Christoph 14: BRK Luftrettungszentrum Traunstein, Cuno-Niggl-Straße 3, D-83278 Traunstein, E-Mail: christoph14@lgst.brk.de, Website: www.christoph14.brk.de **Christoph 17:** Luftrettung für das Allgäu e.V. Bürgermeister-Batzer-Strasse 30, D-87471 Durach, E-Mail: info@christoph17.de, Website: www.christoph17.de

RECHTSFORM

Das deutsche Bundesministerium des Innern stellt über das Bundesamt für Bevölkerungsschutz und Katastrophenhilfe (BBK) den Ländern Zivilschutzhubschrauber (ZSH) zur Verfügung und verwaltet diese. Die Maschinen werden an 12 Luftrettungszentren zur medizinischen Notfallversorgung zur Verfügung gestellt. Die Länder setzen die Notarzthubschrauber ganzjährig ergänzend zum bodengebundenen Rettungsdienst ein.

GESCHICHTE

Im Dezember 1971 stellte der damalige deutsche Bundesinnenminister Hans-Dietrich Genscher Christoph 3/Station Köln als ersten Rettungshubschrauber des Bundes in Dienst. Grundsätzlich sind Zivilschutzhubschrauber seit damals Teil jener Ausstattung, die das BKK den Ländern für Zivil- und Katastrophenschutz zur Verfügung stellt. Werden die Hubschrauber dafür momentan nicht benötigt, dürfen die Länder die Maschinen in der Luftrettung einsetzen. Das BKK nimmt nicht nur alle Verwaltungsagenden wahr, die sich aus dem Betrieb ergeben: Es organisiert etwa auch die Fort- und Weiterbildung der Notärzte und technischen Crewmitglieder (HEMS-TC).
Die für die alpine Flugrettung relevanten BBK-Maschinen Christoph 14 (Traunstein) und Christoph 17 (Kempten) existieren seit 1976 bzw. 1980. Die Alarmierung erfolgt über die integrierten Leitstellen Traunstein und Kempten.

FLOTTE

Die 12 bundesweiten Stationen des BBK werden mit 18 Hubschraubern betrieben. Die Maschinen Christoph 14 und Christoph 17 (beide vom Typ Airbus H135 T3) sind mit Rettungswinden ausgestattet.

STANDORTE

- **Christoph 14:** Luftrettungzentrum Traunstein, Kliniken Südostbayern AG, Klinikum Traunstein, Cuno-Niggel-Straße 3, D-83278 Traunstein, E-Mail: christoph14@lgst.brk.de
- **Christoph 17:** Luftrettungszentrum Kempten, Weidacher Straße 17a, D-87471 Durach, E-Mail: christoph-17@t-online.de

PERSONAL

Medizinische Besatzungsangehörige der BBK-Helikopter werden durch das jeweilige Stations- oder Regionalkrankenhaus, die Hilfsorganisationen (etwa Rotes Kreuz) und Berufsfeuerwehren bereitgestellt. Die Piloten stellt die Bundespolizei zur Verfügung. Letztere ist auch für Wartung und Instandhaltung der Hubschrauber verantwortlich. Für Christoph 17 etwa besteht ein Pool aus 16 Piloten der Bundespolizei (Staffel Oberschleißheim), fünf Notfallsanitätern (des Bayerischen Roten Kreuzes) und 16 Notärzten.

FÖRDERVEREIN

Für Christoph 14 existiert der Verein »Rettungszentrum Traunstein Christoph 14 e.V.«, E-Mail: foerderverein@christoph-14.de

RETTUNGSEINSÄTZE

Im Jahr 2021 leisteten die Zivilschutzhubschrauber des BBK 15.441 Mal Hilfe aus der Luft. Christoph 14 absolvierte 1427 Einsätze (alpiner Hintergrund ca. 20 Prozent), Christoph 17 1580 Einsätze (alpiner Hintergrund nicht feststellbar).

D-HZSR
LUFTRETTUNG

Bergrettung Vorarlberg/Flugrettung

Bergrettung Vorarlberg, Leusbündtweg 38, A-6800 Feldkirch,
Tel.: +43 5522 3505, E-Mail: flugrettung@bergrettung-vorarlberg, Website: www.bergrettung-vorarlberg.at

RECHTSFORM

Der Österreichische Bergrettungsdienst/Land Vorarlberg ist eine als Verein gegründete, gemeinnützige und freiwillige Rettungsorganisation. Die Flugrettung wird von der Bergrettung Vorarlberg im Auftrag des Landes Vorarlberg betrieben.

- **Landesleiter:** Mag. Martin Burger
- **Flugrettungsreferent:** Artur Köb
- **Leitende Notärzte:** Dr. Matthias Hohlrieder, Dr. Klaus Linzmeier
- **Leitende Piloten:** Cpt. Arno Scheiber, Cpt. Stefan Ganahl

GESCHICHTE

Die Geschichte von Rettungsambitionen aus der Luft geht in Vorarlberg auf die 1950er-Jahre zurück. Bei der damaligen Rettungsflugwacht wurden Lawinenhundeführer mit ihren Tieren per Fallschirm aus Flugzeugen abgesetzt. Die Rettungsflugwacht hatte organisatorisch nichts mit der Bergrettung zu tun, man unterstützte sich aber gegenseitig. Anfang der 1960er-Jahre löste sich die Rettungsflugwacht auf.

Beim großen Lawinenunglück im Jänner 1954 in Blons/Vorarlberg waren Hubschrauber der Alliierten und der Schweiz erstmals in Europa zur Bergung im Einsatz. Die Anfänge einer organisierten Hubschrauberflugrettung in Vorarlberg beginnen 1968: Am 15. Dezember wird in Hohenems eine Flugeinsatzstelle des Innenministeriums BMI eröffnet, als Basis für die Sicherheitsexekutive und für Katastrophenfälle. Der erste alpine BMI-Rettungsflug findet am 5. März 1969 statt, nach einem Alpinunfall auf dem Hasenstrick im Bregenzerwald.

1976 organisiert Oberst-Arzt Dr. Elmar Jenny mit dem Bundesheer den ersten Flugretterkurs für die Bergrettung im Steinernen Meer. Zehn Bergretter aus verschiedenen Talschaften schließen die Ausbildung erfolgreich ab. Es folgt ein BMI-Ausbildungskurs am Hubschrauber, an dem fünf dieser Bergretter teilnehmen. In den Jahren darauf sind die Flugretter ständig in Bereitschaft und müssen Funkgerät, Bergsteigerausrüstung und gutes Schuhwerk ständig mitführen.

Am 8. August 1986 tritt die 15a-Vereinbarung über einen gemeinsamen Hubschrauberrettungsdienst zwischen Bund und Land Vorarlberg in Kraft. Bereits sechs Tage zuvor wird in einem Festakt der Rettungshubschrauber Martin 8 (Typ Écureuil AS350 B1) an die Flugeinsatzstelle Hohenems übergeben. Im September 1986 erfolgt die erste fixe Stationierung eines Flugretters direkt am Hubschrauber in Hohenems. Die Flugretter stellt von Montag bis Donnerstag die Alpingendarmerie, von Freitag bis Sonntag und an Feiertagen die Bergrettung. Mit der Inbetriebnahme der Rettungs- und Feuerwehrleitstelle 1991 und steigenden Einsatzzahlen startet auch der Bereitschaftsdienst eines Notarztes direkt beim Hubschrauber. Bis dahin wurde der Notarzt immer im Pick-up-System aufgenommen. Martin 8 wird für die notfallmedizinische Versorgung im Land in die Leitstelle integriert.

Ab 1998 steht von Dezember bis April ein zweiter Hubschrauber zur Verfügung, stationiert in Zürs (Gallus 1, Betreiber Firma Wucher).

Nach dem Rückzug des BMI aus der Flugrettung löst der Christophorus 8 des ÖAMTC am 1. Jänner 2001 den blauen Heli des BMI ab. Es folgt der Umzug der Infrastruktur von Hohenems zunächst nach Feldkirch-Gisingen (Rüscher-Heliport), Ende 2003 auf das Gelände der Firma Wucher in Ludesch und 2006 in eine neue Basis in Nenzing.

2010 wird ein Gestellungsvertrag zwischen Bergrettung Vorarlberg und ÖAMTC unterzeichnet: Der ÖAMTC stellt ab sofort Piloten, Hubschrauber und Wartung gegen Miete und Flugminutenpauschale zur Verfügung. Flugretter, Notärzte und Stützpunkt stellen Land und Bergrettung. 2014 folgt

ein ähnlicher Vertrag mit der Firma Wucher für den Betrieb des Helikopters Gallus 1 (vorerst Winter-, ab Sommer 2017 auch Sommerbetrieb).

FLOTTE

Mit Start in die Wintersaison 2021/22 stehen zwei Maschinen zur Verfügung. Sowohl der Christophorus 8 des ÖAMTC als auch der Gallus 1 von Wucher sind Airbus Helicopter H135 T3.

STANDORTE

- **Christophorus 8** (ganzjährig): Galinastrasse 8, A-6820 Nenzing, Tel.: +43 5522 54058, E-Mail: c8@bergrettung-vorarlberg.at
- **Gallus 1** (Winter- und Sommersaison): Zürs 462, A-6763 Zürs, Tel.: +43 5583 2950, E-Mail: g1@bergrettung-vorarlberg.at

PERSONAL

Sechs Piloten (gestellt von ÖAMTC und Firma Wucher), 13 Flugretter, 32 Notärzte und zwei Verwaltungskräfte.

FÖRDERMODELL

Mit einem Förderbeitrag ab 28 Euro sind Such- und Bergekosten der Boden- und Flugrettung aus Berg- und Wassernot (auch unverletzt) bis zu einem Höchstbetrag von 25.000 Euro pro Person gedeckt.

RETTUNGSEINSÄTZE

Im Jahr 2021 wurden 1085 Einsätze geflogen, davon waren 485 alpiner Natur.

Christophorus Flugrettung

Christophorus Flugrettungsverein (CFV),
Baumgasse 129, A-1030 Wien,
E-Mail: flugrettung@oeamtc.at

RECHTSFORM

Der Christophorus Flugrettungsverein (CFV) ist ein von den Landesvereinen des Österreichischen Automobil-, Motorrad- und Touringclubs (ÖAMTC) gegründeter, gemeinnütziger Verein. Zweck ist die Schaffung von Einrichtungen zur optimalen notärztlichen Versorgung von Notfallpatienten durch Notarzthubschrauber.

- **Geschäftsführer:** Oliver Schmerold, Reinhard Kraxner und Marco Trefanitz
- **Ärztlicher Leiter:** Dr. Wolfgang Voelckel
- **Leiter Technik:** Martin Weger
- **Leiter Training:** Bernd Lang
- **Leiter Flugbetrieb:** Peter Fleischhacker

GESCHICHTE

Der Christophorus Flugrettungsverein (CFV) wird am 23. März 1983 gegründet, der erste Notarzthubschrauber (Kennung Christophorus 1) startet ab Juli 1983 vom Flughafen Innsbruck. Treibende Kraft hinter der Idee einer Flugrettung für Österreich sind der Innsbrucker Gefäßchirurg Dr. Gerhard Flora (bis zu seinem Ruhestand 1996 leitender ÖAMTC-Flugrettungsarzt) und Kurt Nordberg (ÖAMTC). Bereits 1983 eröffnet ein zweiter CFV-Standort in Krems. Ab Mai 1985 entsteht gemeinsam mit dem Bundesministerium für Inneres BMI (Flugpolizei) und dem Bundesheer eine flächendeckende notärztliche Versorgung aus der Luft: 1987 gibt es 13 Flugrettungsstützpunkte, betrieben vom BMI (7), Bundesheer (1) und CFV (5).

ÖAMTC
Christophorus 3
ÖAMTC

1999 wird die Flotte des CFV auf zweimotorige Maschinen vom Type Eurocopter (nun Airbus Helicopters) EC135 umgerüstet. 2001 übernimmt der CFV die Standorte der Flugpolizei und gründet über sein gewerbliches Schwesterunternehmen Helikopter Air Transport GmbH mit dem Vorarlberger Hubschrauberunternehmen Wucher Helicopter das Heli Ambulance Team (HAT). Die HAT-Stützpunkte liegen in der Nähe großer Skigebiete und entlasten damit die Ganzjahresstandorte. 2002 installieren CFV und der deutsche ADAC den ersten grenzübergreifenden Notarzthelikopter (Suben bei Schärding). Ab 2016 wird die Flotte auf das modernste 135er-Modell H135 umgerüstet. 2016 endet auch die Kooperation ÖAMTC/Wucher. Bis auf zwei Standorte werden alle HAT-Stützpunkte in die ÖAMTC-Flugrettung integriert.

In den nächsten Jahren optimiert der CFV laufend sein Angebot. 2017 wird Christophorus 2 in Krems der erste 24-Stunden-Notarzthubschrauber Österreichs; schon vorher wurden alle weiteren Maschinen der Flotte nachtflugtauglich gemacht.

FLOTTE

Der CFV verfügt über einen Pool von 30 Hubschraubern des Typs Airbus Helicopters H135 (Varianten T1, T2, T2+ und T3). Die Maschinen sind nachtflugtauglich, für Taubergung ausgestattet und können durch ihre identische Ausstattung von allen Stützpunkten aus eingesetzt werden. Bis 2025 kommen in die Flotte weitere 5 H135-Maschinen mit digitalem Helionix-Cockpit-System und 4-Achsen-Autopilot. Registriert, gewartet und verwaltet werden die Maschinen von der ÖAMTC-Tocher Helikopter Air Transport GesmbH in Wr. Neustadt und Innsbruck.

STANDORTE

- **Christophorus 1** (ganzjährig): Stützpunkt Innsbruck, Fürstenweg 199, A-6020 Innsbruck, E-Mail: christophorus1@oeamtc.at
- **Christophorus 2** (ganzjährig, rund um die Uhr): Stützpunkt Gneixendorf, Flughafenstraße 3, A-3500 Krems an der Donau, E-Mail: christophorus2@oeamtc.at
- **Christophorus 3** (ganzjährig): Stützpunkt Wr. Neustadt, Heliport Wiener Neustadt, Flugplatz Ost, Viktor-Lang-Straße 4, A-2700 Wiener Neustadt, E-Mail: christophorus3@oeamtc.at
- **Christophorus 4** (ganzjährig): Stützpunkt Reith, Bichlach 78, A-6370 Reith bei Kitzbühel, E-Mail: christophorus4@oeamtc.at
- **Christophorus 5** (ganzjährig): Stützpunkt Landeck, Finais 5-1, A-6511 Zams, E-Mail: christophorus5@oeamtc.at
- **Christophorus 6** (ganzjährig, in Zusammenarbeit mit dem Roten Kreuz, Landesverband Salzburg): Stützpunkt Flughafen Salzburg, Kröbenfeldstraße 12b, A-5020 Salzburg, E-Mail: christophorus6@oeamtc.at
- **Christophorus 7** (ganzjährig): Stützpunkt Lienz, Flugplatz Nikolsdorf, A-9782 Nikolsdorf, E-Mail: christophorus7@oeamtc.at
- **Christophorus 8** (ganzjährig, in Zusammenarbeit mit der Vorarlberger Bergrettung): Stützpunkt Nenzing, Galinastrasse 8, A-6820 Nenzing, E-Mail: christophorus8@oeamtv.at und c8@bergrettung-vorarlberg.at
- **Christophorus 9** (ganzjährig): Stützpunkt Wien, Baumgasse 129, A-1030 Wien, E-Mail: christophorus9@oeamtc.at
- **Christophorus 10** (ganzjährig): Stützpunkt Linz, Flughafen Linz-Hörsching, A-4063 Hörsching, E-Mail: christophorus10@oeamtc.at
- **Christophorus 11** (ganzjährig): Stützpunkt Klagenfurt, Flughafenstraße 80, A-9020 Klagenfurt, E-Mail: christophorus11@oeamtc.at
- **Christophorus 12** (ganzjährig): Stützpunkt Graz, Christophorusweg 1, A-8073 Feldkirchen, E-Mail: christophorus12@oeamtc.at
- **Christophorus 14** (ganzjährig, mit zusätzlicher Maschine Christophorus 99): Stützpunkt Niederöblarn, Niederöblarn 129, A-8960 Niederöblarn, E-Mail: christophorus14@oeamtc.at
- **Christophorus 15** (ganzjährig): Stützpunkt Ybbsitz, Haselgraben 69, A-3341 Haselgraben, E-Mail: christophorus15@oeamtc.at
- **Christophorus 16** (ganzjährig): Stützpunkt Oberwart, Am Flugfeld 21, A-7400 Oberwart, E-Mail: christophorus16@oeamtc.at
- **Christophorus 17** (ganzjährig, rund um die Uhr): Stützpunkt St. Michael, Brunn 4, A-8770 St. Michael, E-Mail: christophorus17@oeamtc.at
- **Christophorus Europa 3** (ganzjährig, im 6-Monats-Rhythmus alternierend betrieben mit dem ADAC): Stützpunkt Suben, Etzelshofen 60, A-4975 Etzelshofen, E-Mail: christophoruse3@oeamtc.at

WINTERSTANDORTE (November bis April)*

- **Alpin 1:** Heliport Patergassen, Wiedweg 46, A-9564 Patergassen, E-Mail: alpin1@oeamtc.at
- **Alpin 2:** Heliport Sölden, Obere Gewerbestraße 9, A-6450 Sölden, E-Mail: alpin2@oeamtc.at
- **Alpin 5:** Heliport Madseit, Madseit-Auermoos, A-6294 Hintertux, E-Mail: alpin5@oeamtc.at
- **Alpin Heli 6** (Winterbetrieb durch ÖAMTC, Sommerbetrieb durch SHS Schieder): Flugplatz Zell am See, Kaprunerstraße 11, A-5700 Zell am See, E-Mail: alpin6@oeamtc.at

PERSONAL

Aktuell beschäftigt der CFV 66 Piloten, rund 175 Flugretter und rund 360 Notärzte.

RETTUNGSEINSÄTZE

Der CFV bewältigte 2021 über seine 17 Hauptstandorte 19.253 Einsätze (davon 648 Taubergungen und 828 Nachteinsätze). Dazu kamen rund 1500 Einsätze von den Winterstandorten aus. Rund 12 Prozent aller Einsätze waren alpiner Natur.

SCHUTZBRIEF

Für Inhaber/innen des ÖAMTC-Schutzbriefes (Jahrespreis knapp 50 Euro) ist die Helikopterrettung bei Freizeit-Alpinunfällen europaweit bis zu einer Höhe von 10.000 Euro abgedeckt – auch für den/die Partner/in im selben Haushalt und alle Kinder bis zum Ende des Jahres, in das ihr 19. Geburtstag fällt.

*Die Winterstandorte der ÖAMTC-Flugrettung fungieren rein rechtlich unter der Bezeichnung Heli Ambulance Team (HAT) und nicht unter dem Titel CFV. Auf die generelle Organisation hat das keine Auswirkung.

DRF Luftrettung

DRF Stiftung Luftrettung gemeinnützige AG (Zentrale), Rita-Maiburg-Straße 2, D-70794 Filderstadt, Tel.: +49 711 7007 0, E-Mail: info@drf-luftrettung.de, Website: www.drf-luftrettung.de

RECHTSFORM

Die DRF Luftrettung besteht aus einem unabhängigen, gemeinnützigen Förderverein, einer gemeinnützigen AG als operativer Einheit und einer Stiftung, welche die operative Arbeit überwacht.

- **Aufsichtsratsvorsitzender:** Dr. Rudolf Böhmler
- **Vorstand:** Dr. Peter Huber
- **Vorstandsvorsitzender:** Dr. Krystian Pracz
- **Fachbereichsleiter Flugbetrieb:** Jérôme Gehri
- **Medizinischer Leiter:** Dr. Jörg Braun

GESCHICHTE

Am 6. September 1972 wurde die heutige DRF Luftrettung (damals Deutsche Rettungsflugwacht e.V.) gegründet.
Sie besteht aus einem gemeinnützigen Förderverein, einer Stiftung des bürgerlichen Rechts und einer gemeinnützigen AG. Zur Finanzierung tragen die über 400.000 Fördermitgliedschaften im DRF e.V. entscheidend bei. Die DRF Stiftung Luftrettung gemeinnützige AG bildet die operative Einheit der DRF Luftrettung.
Den Einsatzbetrieb startete die DRF Luftrettung am 19. März 1973 mit einem Rettungshubschrauber für den Großraum Stuttgart. Seit 2001 gehören zur DRF Luftrettung die österreichische ARA Flugrettung, die zwei Stationen und einen Winterstandort betreibt, sowie seit 2019 die NHC Northern Helicopter, die an drei Stationen Einsätze in der Luft- und Offshorerettung leistet. Außerdem ist die DRF Luftrettung an der Schweizer Alpine Air Ambulance AG (AAA) beteiligt. In Deutschland ist die DRF Luftrettung nach der ADAC Luftrettung der größte gemeinnützige Luftrettungsdienst.

FLOTTE

Die DRF Luftrettung betreibt aktuell rund 50 Maschinen und setzt folgende Hubschraubertypen ein: das Modell Airbus H145 (nachtflugtauglich) mit und ohne Rettungswinde, das Modell Airbus H145 mit Fünf-Blatt-Rotor und besonders leistungsstarken Turbinen (nachtflugtauglich), das Modell Airbus H135 sowie die Modelle Airbus EC135 und EC145.

STANDORTE

Die DRF Luftrettung operiert in Deutschland von 29 Standorten aus, dazu kommen über Tochtergesellschaften bzw. Beteiligungen Stationen in Österreich (Reutte, Fresach, Winterstandort Nassfeld, über den Stützpunktbetreiber ARA Flugrettung), Liechtenstein (Balzers, über den Betreiber AP[3]) und drei Stationen der Northern Helicopter GmbH in Emden. Alpine Flugrettung mit der Winde erfolgt in Deutschland von den folgenden Stationen:

- **Christoph 62** (ganzjährig): Station Bautzen, Flugplatz Bautzen, Weißenberger Straße 1, D-02627 Kubschütz, Tel.: +49 711 7007 2205, E-Mail: station.bautzen@drf-luftrettung.de
- **Christoph 54** (ganzjährig): Station Freiburg, Am Flughafen 7, D-79108 Freiburg, Tel.: +49 711 7007 2205, E-Mail: station.freiburg@drf-luftrettung.de
- **Christoph 27** (ganzjährig): Station Nürnberg (RTH), Airport GAT Tor 180, Flughafenstraße 100, D-90411 Nürnberg, Tel.: +49 711 7007 2205, E-Mail: station.nuernberg.rth@drf-luftrettung.de

PERSONAL

Die DRF Luftrettung beschäftigt rund 190 Piloten, 650 Ärze, 185 Notfallsanitäter und 150 Techniker.

FÖRDERVEREIN

Zur Finanzierung tragen die rund 400.000 Fördermitglieder und Spender des DRF e.V. entscheidend bei. Der Einzelpersonenförderbeitrag beträgt pro Jahr 48 Euro, der Familienförderbeitrag 84 Euro. Auslandsreisenden bietet eine Fördermitgliedschaft die Sicherheit, in medizinischen Notfällen bei ärztlicher Anordnung durch die DRF Luftrettung kostenlos in eine deutsche Klinik transportiert zu werden. Die hohen Kosten für solche Ambulanzflüge werden von den gesetzlichen Krankenkassen nicht übernommen.

RETTUNGSEINSÄTZE

Die DRF Luftrettung flog 2021 rund 38.000 Einsätze, die Gruppe der DRF Luftrettung leistete rund 41.000 Einsätze. Es wurden 424 Windeneinsätze geflogen, rund 20 Prozent der Einsätze entfielen auf die Nachtstunden.

Flugrettung Salzburg

Österreichisches Rotes Kreuz, Landesverband Salzburg/Flugrettung, Sterneckstraße 32, A-5020 Salzburg, Tel.: +43 662 8144-0, E-Mail: landesverband@s.roteskreuz.at, Website: www.rotes.kreuz.at/salzburg/home

RECHTSFORM

Der gemeinnützige Verein Rotes Kreuz Salzburg ist vom Land Salzburg beauftragt, die Flugrettung als Ergänzung zum bodengebundenen Notarztdienst durchzuführen. Das geschieht in Kooperation mit privaten Hubschrauberunternehmen.

- **Landesgeschäftsführerin RK Salzburg:** Sabine Kornberger-Scheuch
- **Flugrettungsreferent:** Gerhard Wechselberger
- **Leitender Notarzt:** Dr. Wolfgang Fleischmann

GESCHICHTE

Die Flugrettung in Salzburg startete im Oktober 1956 mit der Installierung einer Flugeinsatzleitstelle des Innenministeriums BMI am Salzburger Flughafen. Geflogen wurde zunächst mit einem einmotorigen Flugzeug (Typ Piper 18 Super Cub). Dieses besaß spezielle Kufen für Schneelandungen. Ab Anfang der 1960er-Jahre wurden auch Helikopter stationiert. Die Piloten der Flugeinsatzstelle Salzburg kooperierten bei Bergeeinsätzen mit der Alpingendarmerie und freiwilligen Bergrettern; bis 1983 wurden rund 5000 Einsätze durchgeführt. Ab Ende der 1970er-Jahre kooperierte man zudem mit Ärzten aus dem LKH Salzburg und dem Krankenhaus Schwarzach: Diese Einsätze wurden im Pick-up-System durchgeführt.
Im Juli 1983 startete der Modellversuch »Hubschrauberrettung in Salzburg« der Allgemeinen Unfallversicherungsanstalt AUVA und des Roten Kreuzes Salzburg. Der Test war erfolgreich: Ab 21. Jänner 1987 gab es einen regelmäßigen Hubschrauberrettungsdienst (Helikopter Martin 1) als Kooperation zwischen BMI und Land Salzburg. Das Land übertrug in der Folge die Agenden der Flugrettung an das Österreichische Rote Kreuz, Landesverband Salzburg. Im LKH Salzburg wurde ein Notfalldepartement installiert. Die vierköpfige Besatzung des Martin 1 bestand zu dieser Zeit aus Pilot, Notarzt, Notfallsanitäter und Flugretter. Die Notärzte stellten LKH Salzburg und UHK Salzburg, die hauptberuflichen Notfallsanitäter kamen vom Salzburger Roten Kreuz. Die Flugretter waren Alpingendarmen oder Bergretter.
Bis zur Übergabe der Flugrettung an den ÖAMTC-Flugrettungsverein im Jahr 2001 wurden rund 16.000 Rettungseinsätze geflogen. Seit 2012 kooperiert das Rote Kreuz Salzburg mit vier Vertragspartnern; an vier Stützpunkten sind vier (im Winter fünf) Hubschrauber stationiert. Das Rote Kreuz Salzburg übernimmt Koordination, Abrechnung und medizinische Dokumentation und gibt Qualitätsstandards und Bereitstellungszeiten vor. Alle Notarzthubschrauber sind in das Einsatzleitsystem des Roten Kreuzes eingebunden. Die Notärzte im Zentralraum stellen die Salzburger Landesklinik für Anästhesie und Intensivmedizin und das UKH Salzburg, an den weiteren Stützpunkten arbeiten die Notärzte auf Werkvertragsbasis.

FLOTTE

Die Kooperationspartner stellen Airbus EC135 (ÖAMTC), Airbus EC135 T3H und MD 902 (Martin Flugrettung), Airbus EC135 T3 (SHS Schider) und Airbus EC135 T3 (Firma Wolf) bei.

STANDORTE

- **Christophorus 6** (ganzjährig in Zusammenarbeit mit dem ÖAMTC): Stützpunkt Flughafen Salzburg, Kröbenfeldstraße 12b, A-5020 Salzburg, Tel.: +43 662 857844, E-Mail: christophorus6@oeamtc.at
- **Martin 1** (zehn Monate) und Martin 10 (Wintersaison, jeweils in Zusammenarbeit mit Martin Flugrettung): Heliport St. Johann/Pongau, Unterreiting 84,

A-5600 St. Johann/Pongau; Tel.: +43 6462 4200, E-Mail: fly@heli-austria.at

- **Martin 6** (saisonal in Zusammenarbeit mit Firma Wolf): Heliport Hinterglemm, Gerstreitweg 44, A-5753 Saalbach, Tel.: +43 6541 69174, E-Mail: martin6@martin-flugrettung.at
- **Heli-Alpin 6** (von November bis April betrieben vom ÖAMTC, von Mai bis Oktober durch SHS Schider): Stützpunkt Zell am See, Kaprunerstraße 11, A-5700 Zell am See, Tel.: +43 6542 57250, E-Mail: alpin6@oeamtc.at

PERSONAL

14 Piloten (gestellt von ÖAMTC, Martin Flugrettung und SHS Schider), 22 Flugretter und 75 Notärzte

RETTUNGSEINSÄTZE

Im Jahr 2021 wurden 3345 Einsätze geflogen.

Groupe SAF

SAF Hélicoptères Sommerbetrieb: Aérodrome Albertville-Tournon, F-73202 Albertville, Tel.: +33 4 79 38 48 29, E-Mail: saf@saf-helico.com / SAF Hélicoptères Winterbetrieb: Heliport Courchevel, Route de l'Altiport, F-73120 Courchevel, Tel.: +33 (0)4 79 08 00 9, E-Mail: ops@saf-helico.com, Website: safaerogroup.com

RECHTSFORM

Die Groupe SAF ist eine Aktiengesellschaft mit Hauptsitz in Tournon (Frankreich). Die Rettungsflugaktivitäten sind in der Tochterfirma SAF Hélicoptères gebündelt.

- **CEO und Präsident:** Tristan Serretta
- **Medizinische Leitung:** Ärzte des Notdienstes SAMU und der Hochgebirgsgendarmerie PGHM
- **Chefpilot:** David Girodet

GESCHICHTE

Am Anfang von SAF standen zwei französische Helikopter-Visionäre, Jean Capoulade und Roland Fraissinet. Capoulade gründete 1977 in Paris die Firma Hélicap, die 1983 als erste mit einem zivilen Hubschrauber in die mobile medizinische Notversorgung einstieg. Fraissinet wiederum startete 1979 in Savoyen die SAF (Secours Aérien Français, Französische Luftrettung), um alpine Rettungsaktionen anzubieten. 2006 kaufte die SAF Holding Hélicap und es entstand eine Firma, die ab sofort im Bereich medizinische Notfalldienstleistung, Helikopterunterstützte Dienstleistung, Charter und Pilotenausbildung aktiv war. Seit 2012 betreibt die SAF eine eigene Trainingsakademie inklusive zwei Simulatoren. Die SAF-Gruppe ist der erste französische kommerzielle Helikopterbetreiber, der in der Nacht operieren darf.

Medizinische Notfallhilfe ist in Frankreich eine Aufgabe der öffentlichen Hand. 1955 wurden erste mobile Reanimationsteams gegründet, seit 1965 existieren die an Krankenhäuser angeschlossenen mobilen Not- und Wiederbelebungsdienste (Service mobile d'urgence et de réanimation, SMUR). Sie werden vom Service d'aide médicale urgente (SAMU) angefordert, dieses hat auch die Notrufabwicklung (nationale Notrufnummer 15) inne. In Frankreich gibt es rund 430 SMUR. Sie sind so verteilt, dass sie innerhalb einer halben Stunde am Einsatzort sein können. Braucht es Helikopter, kommen diese von öffentlichen Institutionen (Gendarmerie, Sécurité Civile), von der SAMU (betrieben von Privatfirmen, die auch den Piloten stellen; das medizinische Personal stellen Krankenhaus bzw. SMUR) und privaten Anbietern (wie die SAF als die größte Organisation im alpinen Rettungsbereich).

FLOTTE

Rund 60 Einsatz- und Ausbildungshelikopter. Für Rettungseinsätze werden die Modelle Airbus H135 und H145 verwendet.

STANDORTE

SAF Hélicoptères unterhält in Frankreich, der Schweiz und Marokko 12 Standorte; von fünf Standorten aus wird auch alpine Flugrettung betrieben.

- **Heliport Albertville:** Aérodrome Albertville–Tournon, CS 20060, F-73202 Albertville Cedex, Tel.: +33 4 79 38 49 29, E-Mail: saf@saf-helico.com
- **Heliport Courchevel:** Courchevel 1850, F-73120 Courchevel, Tel.: +33 4 79 08 00 91 Fax: 04 79 08 33 57, E-Mail: ops@saf-helico.com
- **Heliport L'Alpe-D'Huez:** Route de l'Altiport, F-38750 l'Alpe d'Huez, Tel.: 04 76 80 65 49, E-Mail: saf.huez@saf-helico.com
- **Heliport Saint-Crépin:** Aérodrome de Mont-Dauphin St-Crépin, F-05600 Saint Crépin, Tel.: +33 6 22 81 23 25, E-Mail: saf.stcrepin@saf-helico.com
- **Heliport Gap:** Champ Eymi, F-05130 Tallard, Tel.: +33 4 92 54 15 15, E-Mail: saf.gap@saf-helico.com

PERSONAL

In der Wintersaison sind ca. 30 Personen in allen Basen involviert.

RETTUNGSEINSÄTZE

Die SAF Hélicoptères flog in der Saison 2021-2022 ca. 2200 Rettungen (alle Basen zusammen).

HELI – Flugrettung Südtirol

HELI – Flugrettung Südtirol VFG, Lorenz-Böhler-Straße 3, I-39100 Bozen (BZ),
Tel.: +39 0471 444 314, E-Mail: info@heli.bz.it, Website: www.heli.bz.it

RECHTSFORM

Träger der Luftrettung in Südtirol ist der Verein HELI – Flugrettung Südtirol. Die Notarzthubschrauber werden über die Landesnotrufzentrale und den betrieblichen Dienst für Notfall, Anästhesie und Intensivmedizin des Südtiroler Sanitätsbetriebes koordiniert. Als Bindeglied zwischen dem Verein und der Landesregierung fungiert das Amt für Gesundheitssteuerung, das die Einhaltung der gesetzlichen Vorgaben überwacht. Das Vertragsabkommen mit dem Verein wird hingegen über die Abteilung Gesundheitsleistungen und wohnortnahe Versorgung des Südtiroler Sanitätsbetriebes ausgearbeitet.

- **Vereinspräsident und Sanitätsdirektor:** Dr. Georg Rammlmair
- **Direktor:** Dr. Ivo Bonamico
- **Medizinischer Leiter:** Primar Dr. Marc Kaufmann, DESAIC – MBA
- **Operativer Dienstleiter:** Oliver Kasslatter

GESCHICHTE

1986 stationierte der Landesrettungsverein Weißes Kreuz eine französische Alouette III an seinem Sitz in der Bozner Fagenstraße und taufte sie auf den Namen Pelikan.
Das Weiße Kreuz war 1965 als privatrechtlicher Verein gegründet worden, um in Südtirol eine Alternative zum Roten Kreuz zu etablieren. Mit 3600 Freiwilligen und 500 Mitarbeitern ist es heute die größte Rettungsorganisation Südtirols. Der erste Einsatz der Alouette war ein Flug zum Rittner Horn. Wenige Monate später wurde eine Alouette AS319 angeschafft, die als Pelikan 2 anfangs bei der Sanonhütte auf der Seiser Alm und später beim Krankenhaus in Brixen stationiert wurde. Die rechtliche Basis für die Flugrettung wurde in der Folge 1987 durch ein Landesgesetz geschaffen.

Von 1991 bis 2010 sorgte die Arbeitsgemeinschaft Flugrettung im Auftrag des Landes Südtirol für den Flugrettungsdienst. In dieser AG waren Weißes Kreuz, der Alpenverein Südtirol AVS, der Bergrettungsdienst im AVS, der italienische Alpenverein CAI und die Südtiroler Berg- und Höhlenrettung CNSAS vertreten. Als zeitgemäße juristische Form folgte der AG – auch aus Haftungsgründen – im Jahr 2010 der privatrechtliche Verein zur Förderung des Gemeinwesens HELI – Flugrettung Südtirol. Die Mitglieder des Vereins sind dieselben wie in der einstigen AG.

FLOTTE

Die HELI – Flugrettung Südtirol setzt aktuell drei Hubschrauber ein (Rufnamen Pelikan 1, 2 und 3). Es sind jeweils Hubschrauber des Typs Airbus H145 (BK117-D2), wobei Pelikan 3 aktuell der modernste Typ ist: in der Variante BK117-D3 besitzt es einen fünfblättrigen Rotor, der die Nutzlast um 150 Kilogramm erhöht. Die beiden an den HEMS Basen in Bozen und Brixen stationierten Maschinen sind mit einem Außenscheinwerfer ausgestattet. Somit kann der Nachtflug auch im Single-Pilot-System durchgeführt werden. Alle Hubschrauber sind mit je einer Seilwinde (Seillänge 90 Meter) ausgerüstet. Technischer Partner und Betreiber der Fluggeräte ist die Firma Babcock MCS Italia S.p.a. mit Sitz in Rom und operativem Standort in Colico.

STANDORTE

- **Pelikan 1** (ganzjährig): HEMS Basis Bozen, Lorenz-Böhler-Straße 1, I-39100 Bozen, Tel.: +39 0471 204244, E-Mail: flugrettung.bozen@wk-cb.bz.it
- **Pelikan 2** (ganzjährig): HEMS Basis Brixen, Dantestraße, 51, I-39042 Brixen, Tel.: +39 0472 812300, E-Mail: flugrettung.brixen@wk-cb.bz.it
- **Pelikan 3** (saisonal): Firma Hoppe, Industriezone Nr. 35, I-39023 Laas im Vinschgau, Tel.: 0473 628069, E-Mail: pelikan3@wk-cb.bz.it

PERSONAL

Der Verein HELI hat kein Personal. Piloten und Techniker stellt die Betreiberfirma der Hubschrauber, Babcock MCS Italia S.p.a.. Die Notärzte und Flugretter sind zum Teil Mitarbeiter des Südtiroler Sanitätsbetriebes und zum Teil des Landesrettungsvereins Weißes Kreuz. Über einen Dienstleistungsvertrag übernimmt das Weiße Kreuz die gesamten Verwaltungsaufgaben.

PARTNER

Alpenverein Südtirol, Landesnotrufzentrale, Bergrettung im Alpenverein Südtirol, Landesrettungsverein Weißes Kreuz, Club Alpino Italiano, Südtiroler Berg- und Höhlenrettung CNSAS (Corpo Nazionale Soccorso Alpino e Speleologico)

RETTUNGSEINSÄTZE

Die Flugrettung Südtirol flog im Jahr 2021 3353 Einsätze (130.711 Flugminuten). Alpine Einsätze sind nicht speziell ausgewiesen.

Martin Flugrettung

Heli Austria GmbH, Heliport St. Johann/Pongau, Ureiting 84, A-5600 St. Johann/Pongau;
Tel.: +43 6462 4200, E-Mail: fly@heli-austria.at, Website: www.heli-austria.at

RECHTSFORM

Die Martin Flugrettung bezeichnet den Flugrettungsbetrieb der Heli Austria GmbH. Dieses Luftfahrtunternehmen befindet sich zu 100 Prozent im Besitz der Familie Knaus.

- **Geschäftsführer:** Roy Knaus
- **Flugbetriebsleiter:** Roy Knaus
- **Medizinischer Koordinator:** Dr. Boris Buck
- **Ausbildungsleiter:** Gabriel Falkner

GESCHICHTE

Die Heli Austria wurde 1982 von Johann Knaus als Ritter Trade & Aviation Consulting gegründet. 1984 startete der Flugbetrieb mit einer Hughes 530F unter der Konzession von Niki Lauda, 1985 erwarb die Firma den ersten eigenen Helikopter.

Der Einstieg des Bedarfsflugunternehmens in die Flugrettung erfolgte im Jahr 2000 mit einer von der Deutschen Rettungsflugwacht gecharterten BK 117. Die Maschine startete als Martin 1 vom Heliport in St. Johann/Pongau. 2002 eröffnete Heli Austria den Heliport in Karres/Tirol (Martin 2). Zwei Jahre später folgten Martin 3 in Ebensee/Oberösterreich (bis 2006 und ab 2017 in Scharnstein/OÖ) und Martin 6 in Hinterglemm. Im Zuge der Erweiterung des Flugbetriebs installierte Heli Austria die Maschinen Martin 4 in Matrei (ab 2008, mit Unterbrechungen), Martin 8 am Timmelsjoch (ab 2009), Martin 7 in Mayrhofen (ab 2013) und Martin 10 (ab 2013 zuerst ab Radstadt und später ab St. Johann/Pongau, jeweils zur Entlastung in Spitzenzeiten).

Der bekannteste Stützpunkt über die Jahre war der von Martin 1: Er war am Stützpunkt des Medicopter 117 aus der gleichnamigen TV-Serie stationiert. Dieses Gebäude wurde 2014 durch einen neuen Hangar ersetzt, der seit damals die Basis für den Flugbetrieb und die Wartung der Heli Austria bildet. Seit 2018 bietet die Heli Austria in einer Flugakademie am Flugplatz Bad Vöslau/NÖ und am Flughafen Salzburg Helikopterausbildung für Amateure und Berufspiloten.

FLOTTE

Eingesetzt werden fünf Maschinen vom Typ MD Helicopters 902 (mit Tau) und Airbus H135 T3 (mit Nachtflugzulassung) sowie ein Modell Airbus H145 (nachtflugtauglich, mit Goodrich-Seilwinde). Die Windenspezialisten werden in Kooperation mit der Bergrettung Tirol ausgebildet.

STANDORTE

- **Martin 1** (10 Monate) und **Martin 10** (im Bedarfsfall im Winter, beide im Auftrag des ÖRK Salzburg): Heli Austria GmbH, Heliport St. Johann/Pongau, Urreiting 84, A-5600 St. Johann/Pongau; Tel.: +43 6462 4200, E-Mail: m1@martin-flugrettung.at und m10@martin-flugrettung.at
- **Martin 2** (ganzjährig): Heliport Imst-Karres, Tiroler Bundesstraße 1, A-6462 Karres; Tel.: +43 5412 61421, E-Mail: m2@martin-flugrettung.at
- **Martin 3** (ganzjährig): Heliport Scharnstein, Mayrhofstraße 1, A-4644 Scharnstein, Tel.: +43 7615 7380, E-Mail: m3@martin-flugrettung.at
- **Martin 4** (Winterbetrieb): Heliport Matrei, Europastraße, A-9971 Matrei/Osttirol, E-Mail: m4@martin-flugrettung.at
- **Martin 6** (Winter- und Sommerbetrieb, im Auftrag des ÖRK Salzburg): Heliport Hinterglemm, Gerstreitweg 44, A-5753 Saalbach/Hinterglemm, Tel.: +43 6541 69174, E-Mail: m6@martin-flugrettung.at
- **Martin 7** (Winterbetrieb): Heliport Mayrhofen, Laubichl 147, A-6290 Mayrhofen, E-Mail: m7@martin-flugrettung.at

- **Martin 8** (November bis April plus Sommerbetrieb): Heliport Hochgurgl, A-6456 Hochgurgl, Tel.: +43 5412 61421, E-Mail: m8@martin-flugrettung.at

PERSONAL

Aktuell beschäftigt die Martin Flugrettung 50 Piloten, 40 Flugretter, 18 Windenspezialisten, 110 Notärzte und fünf Verwaltungskräfte.

RETTUNGSEINSÄTZE

Die Martin Flugrettung absolvierte 2021 ca. 4000 Einsätze. Alpine Sport- und Freizeitunfälle machten 30 Prozent der Einsätze aus.

Schenk Air

Schenk Air GmbH, Montafonerstraße 29, A-6789 Schruns, Tel.: +43 5556 74 000,
E-Mail: office@schenkair.at, Website: www.schenkair.at

RECHTSFORM

Die von der Schenk Air eingesetzten Hubschrauber werden von der Schenk Luftfahrzeug Vermietungs GmbH an die Schenk Air GmbH vermietet. Beide Firmen sind Partnerunternehmen des Sanatoriums Dr. Christian Schenk in Schruns, einer Spezialklinik für Sportverletzungen.

- **Geschäftsführer Schenk Air:** Dr. Christian Schenk
- **Flugbetriebsleiter:** CPT Michael Gschöser
- **Leitender Notarzt:** Dr. Michael Engel
- **TCM-Operationen:** Jürgen Türtscher

GESCHICHTE

Die Schenk Air GmbH, 1999 gegründet vom Facharzt für Unfallchirurgie Dr. Christian Schenk, ist seit November 2000 operativ als Flugrettungsunternehmen tätig. Eingesetzt werden zwei Maschinen: Der Rettungshelikopter Robin 1 hat seinen Stützpunkt direkt auf dem Dachlandeplatz des Sanatoriums in Schruns, die Basis von Robin 3 ist auf der Idalpe bei Ischgl. Dieser Heliport im Tiroler Paznauntal liegt auf einer Seehöhe von 2290 Meter über dem Meeresspiegel und ist damit einer der wohl höchstgelegenen in Europa. Der Notarzthubschrauber Robin 3 hat seine Basis somit in einem der größten und modernsten Skigebiete Europas, der Silvretta Arena Ischgl/Samnaun. Um verunfallte Wintersportler optimal versorgen zu können, wurde im Jahr 2001 in Zusammenarbeit mit der Silvretta Seilbahn AG auf der Idalpe eine Erstversorgungsstation als erstes Glied einer Rettungskette installiert. Die Helikopter sind ein wesentlicher Teil des Klinikkonzepts von Dr. Christian Schenk. »Unser Geschäft beruht auf der Idee, dass wir die Verletzten aus den Skigebieten rasch versorgen können«, erläutert Dr. Schenk bereits kurz nach der Gründung von Schenk Air in einem Interview mit der Liechtensteiner Wirtschaftszeitung *Wirtschaft regional*. Im Idealfall kann auf diese Art ein Unfallopfer innerhalb von Minuten auf der Piste erstversorgt werden.

FLOTTE

Schenk Air setzt aktuell zwei Hubschrauber vom Typ AgustaWestland AW109 SP ein. Je nach Kabinenkonfiguration können bis zu zwei Patienten transportiert werden. Beide Maschinen sind nachtflugtauglich und jeweils mit einer Goodrich-Seilwinde ausgestattet (Seillänge maximal 85 Meter, maximale Beladung von 272 kg). Schenk Air ist damit neben der ARA Flugrettung der zweite österreichische Betreiber, der auf ein Windensystem zurückgreift. Die Ausbildung der Windenspezialisten erfolgte bei der schweizerischen Rega, die auf 40 Jahre Erfahrung im Gebirgsflug mit Rettungswinde zurückgreift. Wie die Rega arbeitet die Schenk Air mit einer Drei-Mann-Crew.

STANDORTE

- **Robin 1** (Wintersaison): Sanatorium Dr. Christian Schenk, Montafonerstraße 29, A-6789 Schruns, Tel.: +43 5556 74000, E-Mail: office@schenkair.at
- **Robin 3** (Wintersaison): Heliport Idalpe, A-6562 Ischgl, Tel.: +43 5556 74000 oder +43 664 255 3004. Schenk Air Medical Center Idalp: Tel.: +43 5444 500 77.

PERSONAL

Schenk Air beschäftigt aktuell 40 Personen: sechs Piloten, 13 Flugretter, 15 Notärzte plus sechs Mitarbeiter in Verwaltung & Technik.

PARTNER

Silvretta Seilbahn AG, Silvretta Montafon Bergbahnen GmbH

RETTUNGSEINSÄTZE

Pro Jahr werden im Sanatorium Dr. Schenk ca. 2000 Patienten behandelt, wovon rund 200 mit den eigenen Notarzthubschraubern eingeflogen werden.

OE-KSE

Schider Helicopter Service (SHS)

SHS-Helicopter Transporte GmbH, Unterwasser 59, A-6384 Waidring,
Tel.: +43 5353 6302, E-Mail: office@notarzthelicopter.at, Website: www.notarzthelicopter.at

RECHTSFORM

Die Schider Helicopter Service ist eine Gesellschaft mit beschränkter Haftung (GmbH).

- **Geschäftsführer:** Rudolf Schider
- **Flugbetriebsleiter:** Rudi Schider jun.
- **Medizinische Leiter:** Dr. Quirin Linhuber (Heli 3), Dr. Arnold Stöckl (Heli 4), Dr. Sebastian Leitinger (Alpin Heli 6), Dr. Christian Freund (Heli 1)

GESCHICHTE

Ein kleines Bierzelt als Hangar für den Hubschrauber und ein Wohnwagen als Unterkunft für die Mannschaft – unter so einfachen Voraussetzungen wurde 1992 in Waidring ein Kapitel in der Geschichte der österreichischen Flugrettung geschrieben. Die Firma Schider Helicopter Service, kurz SHS, wurde vom jüngsten österreichischen Berufshelikopterpiloten Rudolf Schider sen. als reines Bedarfsflugunternehmen gegründet. (Die Flugleidenschaft hatte er von seinem Vater Franz Schider, der sich als einfacher Bauernsohn das für seinen Helikopterpilotenschein notwendige Geld durch Schindelschnitzen verdient hatte.) In der Folge besetzte SHS eine angemietete – und später angekaufte – Alouette III an Sommerwochenenden und im Winter mit Notärzten und Flugrettern, die vom eingerichteten Heliport in Waidring aus Rettungseinsätze flogen. Ab 1995 zog sich SHS aus der Transportfliegerei zurück und spezialisierte sich auf die Flugrettung. Unter den Namen Heli 1 und während der tourismusstarken Wintersaison auch mit der Maschine Heli 2 erfolgten vorerst Starts von Waidring. Ab dem Jahr 2000 kamen weitere Stützpunkte in Kufstein (Heli 3) und in Kaltenbach/Zillertal (Heli 4, ab 2002) dazu, 2004 ein weiterer (durch eine Kooperation mit dem Christophorus Flugrettungsverein des ÖAMTC) Stützpunkt am Flugplatz Zell am See: Hier kommt der Helicopter Alpin Heli 6 ganzjährig zum Einsatz. Seit 2021 setzt SHS den ersten Bell Flight 429 GlobalRanger im österreichischen Rettungsflugdienst ein: Die Maschine startet ab Waidring und ab Zell am See.

FLOTTE

Aktuell setzt SHS acht Varianten des Modells Airbus Helicopters EC135 ein, zudem eine Bell 429 GlobalRanger. Alle Hubschrauber sind nachtflugtauglich.

STANDORTE

- **Heli 1** (Dezember bis April): Unterwasser 59, A-6384 Waidring, Tel.: +43 5353 6302, E-Mail: schider.helicopter@aon.at
- **Heli 3** (ganzjährig): Auweg 19, A-6336 Langkampfen, Tel.: +43 5372 71578, E-Mail: heli3@aon.at
- **Heli 4** (ganzjährig): Kaltenbacher Landstrasse 46, 6272 Kaltenbach, Tel.: +43 5283 29200, E-Mail: heli4@aon.at
- **Alpin Heli 6** (von November bis April vom ÖAMTC betrieben, von Mai bis Oktober durch SHS): Kaprunerstraße 11, A-5700 Zell am See, Tel.: +43 6542 57250, E-Mail: alpin6@oeamtc.at

PERSONAL

Die SHS beschäftigt derzeit sieben Piloten, sechs Flugretter und zwei Techniker. Dazu kommen rund 60 Notärzte sowie 12 Flugretter, die nebenberuflich Dienst versehen.

PARTNER

ÖAMTC, Rotes Kreuz Salzburg, Rotes Kreuz Tirol, Österreichische Bergrettung, ILL Tirol, Pistenrettungen in Tirol und Salzburg, Bayerische Bergwacht

RETTUNGSEINSÄTZE

SHS Schieder Helicopter Service flog 2021 etwa 2500 Einsätze. In den bisher 30 Jahren ihres Bestehens kam SHS auf rund 41.500 Einsätze.

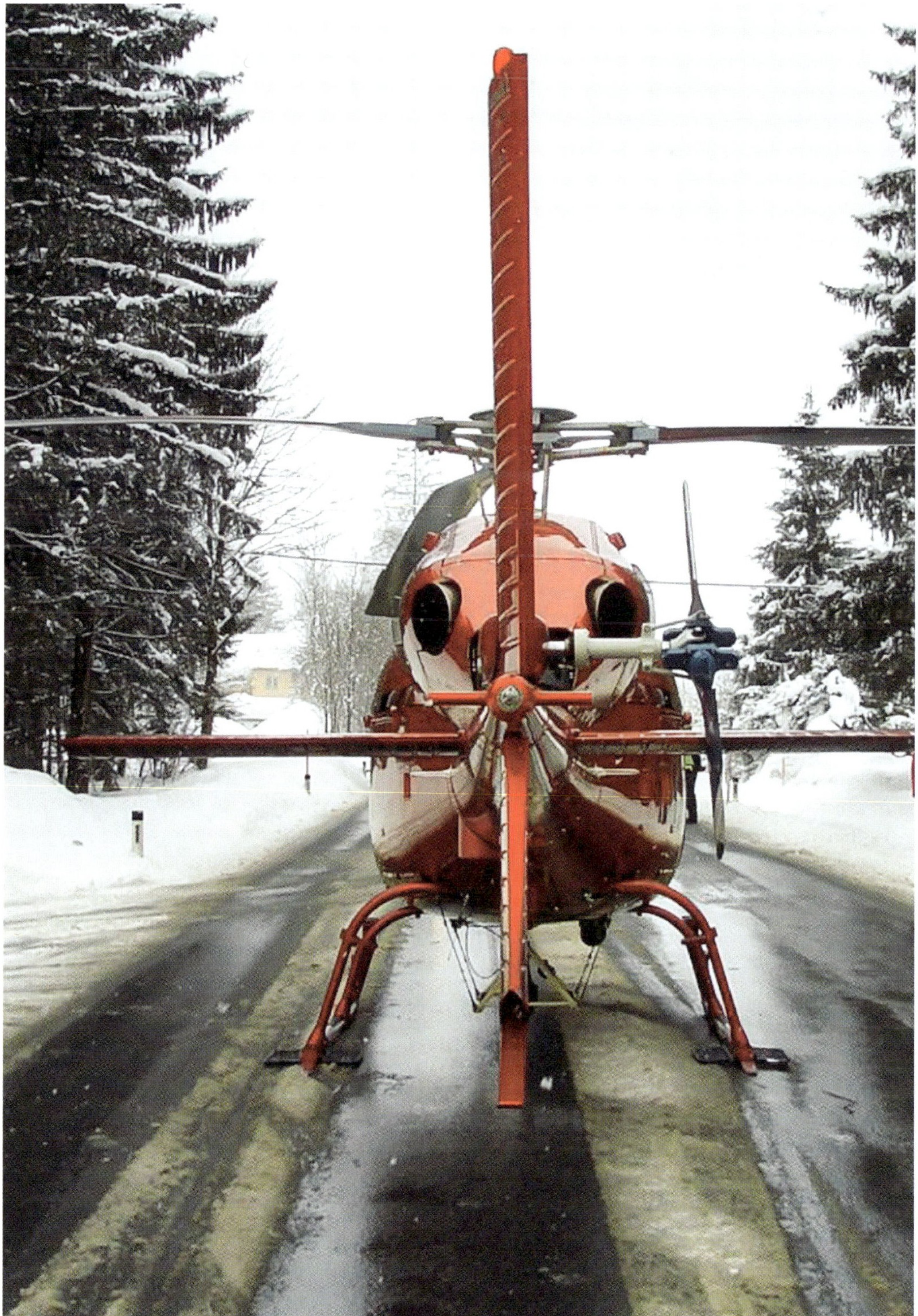

Schweizerische Rettungsflugwacht Rega

Schweizerische Rettungsflugwacht Rega, Rega-Center, Postfach 1414, CH-8058 Zürich, Tel.: +41 44 654 33 11, Website: www.rega.ch

RECHTSFORM

Die Schweizerische Rettungsflugwacht Rega ist eine selbstständige, private und gemeinnützige Stiftung. Über 3,6 Millionen Gönnerinnen und Gönner gestatten es ihr, ihren Betrieb ohne Subventionen der öffentlichen Hand und politisch unabhängig zu führen.

- **Präsident des Stiftungsrats:** Michael Hobmeier
- **Geschäftsführer:** Ernst Kohler, CEO
- **Medizinischer Leiter:** PD Dr. med. Roland Albrecht
- **Leiter Helikopter Verfahren und Training:** Heinz Leibundgut
- **Leiter Helikopter Einsatz:** Philipp Simmen

GESCHICHTE

Am 27. April 1952 gründet der Schweizer Arzt und Politiker Dr. Rudolf Bucher im Rahmen der Delegiertenversammlung der Schweizerischen Lebensrettungsgesellschaft (SLRG) in Twann die Schweizerische Rettungsflugwacht (SRFW, später Rega). Diese besteht vorerst als Sektion des SLRG, die ersten Rettungsfallschirmspringer werden bei der Royal Air Force in Großbritannien ausgebildet. 1960 löst sich die Rega von der SLRG. Von 1960 bis 1979 ist die Rega als Verein eingetragen, seit 1979 als Stiftung. Die Rega ist eine Partnerorganisation des Schweizerischen Roten Kreuzes. Den ersten eigenen Helikopter vom Typ Bell 47J bekam die Rega 1957 geschenkt und zwar vom Verband Schweizerischer Konsumvereine. 1966 wird das Prinzip der Gönner-

Rega 1414

rega
Rega 1414

schaft etabliert, nachdem die Kosten die Möglichkeiten des Vereins übersteigen und die öffentliche Hand eine Unterstützung ablehnt: Gegen eine Spende von 20 Franken bietet die Rega in Notfällen kostenfreie Hilfe aus der Luft an.
1968 nimmt die Rega ihren ersten turbinengetriebenen Helikopter in Betrieb, einen Bell 206A JetRanger. 1971 wird der erste ausschließlich von Gönnern finanzierte Maschine in Betrieb genommen, eine Alouette III SE 316. Dieser Typ bildet viele Jahre das Rückgrat der Rega-Helikopterflotte. Die Rega ist eine Vorreiterin in Sachen Rettungsflug. Seit August 2019 besitzt sie zudem einen eigenen Trainingsstützpunkt auf dem Regionalflugplatz Grenchen. Gemeinsam mit dem italienischen Helikopterhersteller Leonardo entwickelt die Rega auch eine Enteisungsanlage, die kritische Helikopterteile wie Rotorblätter oder Frontscheibe beheizen kann. Die Inbetriebnahme der drei Leonardo AW169-FIPS (Full Ice Protection System) erfolgt im Lauf des Jahres 2023 auf den Einsatzbasen Wilderswil und Locarno. Eine Maschine wird zu Ausbildungszwecken genutzt oder dient als Reserve. Seit 2013 betreibt die Rega in Zürich einen Helikoptersimulator für ihre Agusta-Gebirgsmaschinen. Ab Mitte 2023 kommt ein neuer Simulator in Opfikon zum Einsatz. Dieser kann für unterschiedliche Helikoptertypen eingesetzt werden. Als erstes wird der Simulator mit dem Cockpit für den allwettertauglichen Leonardo AW169-FIPS ausgerüstet. In einem zweiten Schritt folgt die Nutzung des Systems mit dem Cockpit für den Typ Airbus H145.

FLOTTE

Die 13 Rega-Einsatzbasen werden mit 18 Maschinen betrieben. Fünf Rettungshelikopter sind Reserve, die entweder im technischen Unterhalt sind oder als Schulungsmaschinen benötigt werden. Die Helikopterflotte besteht zum Teil aus Airbus-Helikoptern H145 (eingesetzt in Zürich, Basel, Bern, Lausanne und St. Gallen); auf den Gebirgsbasen in Untervaz, Locarno, Erstfeld, Samedan, Wilderswil, Mollis, Sion und Zweisimmen stehen AgustaWestland Da Vinci im Einsatz. Ein Airbus H125 wird zu Trainings- und Ausbildungszwecken (vom Airport Grenchen aus) betrieben.

STANDORTE

Die Rega betreibt in der Schweiz 13 Helikopterbasen sowie eine Partnerbasis in Genf. Seit August 2019 verfügt sie zudem über eine Trainingsbasis in Grenchen (SO). Das Einsatzdispositiv der Rega ist so ausgelegt, dass jeder Ort im Einsatzgebiet innerhalb von 15 Flugminuten erreichbar ist. Die Einsatzzentrale der Rega ist im Notfall unter der Alarmnummer 1414 (aus dem Ausland +41 333 333 333) zu erreichen.

- **Rega 1:** Basis Zürich, Ueberlandstrasse 299, CH-8600 Dübendorf
- **Rega 2:** Basis Basel, Postfach, CH-4030 Basel
- **Rega 3:** Basis Bern, Flugplatzstrasse 1, CH-3123 Belp
- **Rega 4:** Basis Lausanne, Route de Romanel 33, CH-1018 Lausanne
- **Rega 5:** Basis Untervaz, Polenlöserweg 30a, CH-7204 Untervaz
- **Rega 6:** Basis Locarno, Via Aeroporto 15, CH-6596 Gordola
- **Rega 7:** Basis St. Gallen, Wehrstrasse 8, CH-9015 St. Gallen
- **Rega 8:** Basis Erstfeld, Reussstrasse 40, CH-6472 Erstfeld
- **Rega 9:** Basis Samedan, Plazza Aviatica 6, CH-7503 Samedan
- **Rega 10:** Basis Wilderswil, Bönigstrasse 17, CH-3812 Wilderswil
- **Rega 12:** Basis Mollis, Flugplatz, CH-8753 Mollis
- **Rega 14:** Basis Zweisimmen, Lischerengasse 5, CH-3770 Zweisimmen
- **Rega 15:** Partnerbasis Genf (Betreiber Swift Copters SA und das Hôpitaux Universitaires de Genève), Hôpitaux Universitaires de Genève, CH-1217 Meyrin
- **Rega 18:** Basis Sion, c/o Héli-Alpes SA, Aéroport Civil, CH-1950 Sion

PERSONAL

Die Rega beschäftigt aktuell rund 400 Personen. Davon rund 80 Helikopter- und Jetpiloten, 120 Notärzte, Rettungssanitäter und Pflegefachpersonen, 50 Einsatzleiter und über 150 Personen im Unterhalt, im Betrieb und in der Administration.

GÖNNERMODELL

Als Dank für die Unterstützung kann die Rega nach ihrem Ermessen und im Rahmen ihrer Möglichkeiten den Gönnerinnen und Gönnern die Kosten und von ihr selbst erbrachten oder von ihr organisierten Hilfeleistungen teilweise oder ganz erlassen.

RETTUNGSEINSÄTZE

Die Rega half im Jahr 2021 mehr als 12.000 Patienten. Insgesamt wurden 18.017 Einsätze organisiert. Die Anzahl der Patienten und der Einsätze sind nicht deckungsgleich, weil bei Einsätzen mehrere Patienten an Bord sein können, Suchflüge ohne Patiententransport stattfinden und die Rega-Einsatzzentrale unter anderem auch die Einsätze der Bergretter des Schweizer Alpen-Club SAC organisiert.

Wucher Helicopter

Wucher Helicopter GmbH, Hans-Wucher-Platz 1, A-6713 Ludesch,
Tel.: +43 5550 3880-0, E-Mail: helicopter@wucher.at, Website: www.wucher-helicopter.at

RECHTSFORM

Wucher Helicopter ist eine GmbH im Besitz von Monika Huber und Alexandra Wucher, den Töchtern von Firmengründer Hans Wucher.

- **Geschäftsführer:** Thomas Türtscher
- **Flugbetriebsleiter:** Cpt. Stefan Ganahl
- **Medizinischer Leiter:** Dr. Klaus Linzmeier

GESCHICHTE

Die Wucher Helicopter GmbH hat ihre Wurzeln im Bauunternehmen von Baumeister Hans Wucher. Die Firma war stark bei alpinen Projekten engagiert und damit mit den Schwierigkeiten des Materialtransports zu Hochgebirgsbaustellen vertraut. 1970 bekam Wucher den Auftrag, die Neue Reutlinger Hütte im Verwall als Selbstversorgerhütte zu errichten. Mit einem privaten Hubschrauber wurden elf Tonnen Baumaterial in 2400 Meter Seehöhe transportiert. Die Premiere war erfolgreich, weshalb Wucher 1974 seinen ersten Hubschrauber vom Typ Aérospatiale SA-315B Lama erwarb. 1976 begann mit dem Heliskiing auch die Rettungsfliegerei am Arlberg. 1982 wurde mit der Bergrettung Lech die Flugrettung Arlberg gegründet (Helikopter mit dem Rufnamen Gallus 1). Rettungsflüge wurden auch mit einem Typ Lama durchgeführt, der damals in Ludesch stationiert war.

1985 eröffnete Wucher einen Heliport zwischen den Skigebieten Lech und Zürs. Dieser wurde vornehmlich für Versorgungsflüge genutzt, durch die permanente Winterstationierung konnten aber auch die Rettungsflüge effizienter durchgeführt werden. 1989 wurde der erste Helikopter vom Typ Écureuil erworben, der im Winter neben anderen Flügen auch Rettungseinsätze absolvierte.

2001 gründeten Wucher Helicopter und der Christophorus Flugrettungsverein CFV des ÖAMTC die Heli Ambulance-Team GmbH (HAT). Einsätze wurden von fünf Winterstandorten in Patergassen/Kärnten (Alpin 1), Sölden/Tirol (Alpin 2), St. Anton am Arlberg/Tirol (Alpin 3), Lech/Vorarlberg (Gallus 1) und Hintertux/Tirol (Alpin 5) geflogen. Bis 2010 stellte der ÖAMTC fast alle Maschinen auf den Alpinstützpunkten; Sölden, St. Anton und Lech wurden mit Écureuils der Firma Wucher betrieben. 2010 erwarb Wucher eine Eurocopter 135 T1 für Rettungseinsätze in Lech.

Mit Jahresbeginn 2017 endete die Kooperation zwischen Wucher und dem CFV. Der ÖAMTC betrieb die Stützpunkte von Alpin 1/2/5 allein, Wucher übernahm den Stützpunkt in St. Anton und führte ihn im Winter unter Gallus 3 (mit einer von SHS angemieteten Airbus H135, seit dem Winter 2021 mit einer eigenen H135) weiter. Seit 2017 startet vom neu adaptierten Heliport in Lech der Helikopter Gallus 1 im Sommer- und Winterbetrieb in Kooperation mit der Bergrettung Vorarlberg als Betreiber.

FLOTTE

Im Flugrettungseinsatz stehen zwei Maschinen vom Typ Airbus Helicopters H135 T3.

STANDORTE

- **Gallus 1** (Winter- und Sommersaison; betrieben von der Bergrettung Vorarlberg, Wucher Helicopter stellt Stützpunkt, Fluggerät und Pilot):
  Heliport Zürs 462, A-6763 Zürs, Tel.: +43 5583 2950,
  E-Mail: g1@bergrettung-vorarlberg.at
- **Gallus 3** (Wintersaison): Heliport St. Anton,
  Verwallweg 15, A-6580 St. Anton/Arlberg,
  Tel.: +43 5446 2732, E-Mail: gallus3@wucher.at

PERSONAL

Die Wucher Helicopter beschäftigt aktuell sechs Piloten, 13 Flugretter, sechs Notärzte und zwei Verwaltungskräfte.

PARTNER

Bergrettung Vorarlberg

RETTUNGSEINSÄTZE

Wucher Helicopter flog 2021 rund 700 vorwiegend alpine Einsätze.

12

Die Stützpunkte der Lebensretter

In Deutschland, der Schweiz, Italien/Südtirol, Frankreich, Liechtenstein und Österreich führen Notarzthelikopter ganzjährig oder saisonal alpine Flugrettungen durch. In der Karte sind die Maschinen mit Kennung und/oder lokalem Flugplatz/Heliport angeführt. Doppelnennungen ergeben sich durch Kooperationsverträge.

AAA (CH)

1 **Lions 1** Lupfig, Birrfeld

AAD (I)

2 **I-AIUT Pontives** (Lajen)/Gröden

ADAC (D)*

3 **Christoph 11** Villingen-Schwenningen
4 **Christoph Murnau** Murnau

Air-Glaciers (CH)

5 **Sion**
6 **Collombey**
7 **Lauterbrunnen**
8 **Gstaad-Saanenland**

Air Zermatt (CH)

9 **Lima Zermatt**
10 **Lima Gampel**
11 **Lima Raron**

AP³ Luftrettung (LIE)

12 **Christoph Liechtenstein** Balzers

ARA (A)

13 **ARA-1** Fresach
14 **ARA-2** Reutte
15 **ARA-3** Hermagor

BBK (D)*

16 **Christoph 14** Traunstein
17 **Christoph 17** Kempten

DRF (D)*

18 **Christoph 45** Friedrichshafen
19 **Christoph** München
20 **Christoph 54** Freiburg

Heli Südtirol (I)

21 **Pelikan-1** Bozen
22 **Pelikan-2** Brixen
23 **Pelikan-3** Lasa/Laas

Martin Air (A)

24 **Martin 1** St. Johann/Pongau (für Flugrettung Sbg.)
25 **Martin 2** Imst-Karres
26 **Martin 3** Wels
27 **Martin 4** Matrei/Osttirol
28 **Martin 5** Bad Vöslau
29 **Martin 6** Saalbach/Hinterglemm (für Flugrettung Sbg.)
30 **Martin 7** Mayrhofen/Tirol
31 **Martin 8** Hochgurgl
32 **Martin 10** St. Johann/Pongau (für Flugrettung Sbg.)

ÖAMTC-Flugrettung (A)

33 **Christophorus 1** Innsbruck
34 **Christophorus 2** Krems
35 **Christophorus 3** Wr. Neustadt
36 **Christophorus 4** Kitzbühel
37 **Christophorus 5** Zams
38 **Christophorus 6** Salzburg (für Flugrettung Salzburg)
39 **Christophorus 7** Lienz/Nikolsdorf
40 **Christophorus 8** Nenzing (für Flugrettung Vorarlberg)

41 **Christophorus 9** Wien Aspern
42 **Christophorus 10** Linz
43 **Christophorus 11** Klagenfurt
44 **Christophorus 12** Graz
45 **Christophorus 14** Niederöblarn
46 **Christophorus 15** Ybbsitz
47 **Christophorus 16** Oberwart
48 **Christophorus 17** St. Michael/Steiermark
49 **Christophorus 99** Niederöblarn
50 **Christophorus Europa 3** Suben
51 **Alpin 1** Patergassen
52 **Alpin 2** Sölden
53 **Alpin 5** Hintertux
54 **Alpin Heli 6** Zell am See (mit SHS Schieder)

Rega (CH)

55 **Rega 1** Zürich
56 **Rega 2** Basel
57 **Rega 3** Bern
58 **Rega 4** Lausanne
59 **Rega 5** Untervaz
60 **Rega 6** Locarno
61 **Rega 7** St. Gallen
62 **Rega 8** Erstfeld
63 **Rega 9** Samedan
64 **Rega 10** Wilderswil
65 **Rega 12** Mollis
66 **Rega 14** Zweisimmen
67 **Rega 15** Genf (Partnerbasis)
68 **Rega 18** Sion

SAF (F)

69 SAF Albertville
70 SAF Courchevel
71 SAF L'Alpe-D'Huez
72 SAF Saint-Crépin
73 SAF Gap

Salzburger Flugrettung (A)

74 **Martin 1** St. Johann/Pongau (mit Martin Air)
75 **Martin 6** Saalbach/Hinterglemm (mit Martin Air)
76 **Martin 10** St. Johann/Pongau (mit Martin Air)
77 **Christophorus 6** Salzburg (mit ÖAMTC)

Schenk Air (A)

78 **Robin 1** Schruns
79 **Robin 3** Ischgl

SHS Schieder (A)

80 **Heli 1** Waidring
81 **Heli 3** Langkampfen
82 **Heli 4** Kaltenbach
83 **Alpin Heli 6** Zell am See (mit ÖAMTC)

Vorarlberger Bergrettung (A)

84 **Gallus 1** Zürs
85 **Christophorus 8** Nenzing (mit ÖAMTC)

Wucher Helicopter (A)

86 **Gallus 3** St. Anton

Info

DIE ALARMIERUNG DES HELIKOPTERS

Schnelle Hilfe aus der Luft

Rettungshelikopter sind die schnellste Möglichkeit, bei alpinen Notfällen einen Arzt zum Verunfallten zu bringen und diesen nach der Erstversorgung ins Spital.

Wie wird alarmiert?

Rettungsdienste erreichen Sie über allgemeine oder spezielle Notrufnummern:

- **Deutschland:** 112 (Euro-Notruf)
- **Frankreich:** 112 (Euro-Notruf), 15 (SAMU)
- **Österreich:** 112 (Euro-Notruf), 144 (allgemein), 140 (Alpinnotruf)
- **Schweiz:** 112 (Euro-Notruf), 1414, Kanton Wallis 1410 (Air Zermatt) und 1415 (Air-Glaciers), mit ausländischem Telefon +41 333 333 333
- **Südtirol:** 112 (Euro-Notruf)

Die Alarmierung ist auch über diverse Notruf-Apps möglich:

- Die App **Where ARE U** basiert auf dem Euro-Notruf 112 und übermittelt Informationen zum Standort und weitere in der App enthaltene Daten.
- Die App der Schweizerischen Rettungsflugwacht Rega kommuniziert direkt mit der Rega-Einsatzzentrale, Positionsdaten werden automatisch übermittelt.
- Die App **SOS EU ALP** ermöglicht ebenfalls eine Standortbestimmung via Smartphone. Die Daten werden im Notfall direkt an die zuständigen Leitstellen bzw. Landesnotrufzentralen in Tirol, Südtirol und Bayern übermittelt.

Was sind Grundvoraussetzungen?

Der Einsatz eines Rettungshubschraubers ist speziell angebracht:

- **bei Zwischenfällen in unwegsamem Gelände** (Lawinen- und Bergunfälle), wenn lange An-/Abfahrtswege zu erwarten sind und der Abtransport des Verletzten schwierig bis unmöglich ist;
- **bei schweren Verletzungen,** die eine schnelle weiterführende Behandlung in einem Krankenhaus benötigen (Verdacht auf Rückenverletzungen, Herzinfarkt/Schlaganfall, drohende Amputation);
- **wenn ärztliche Hilfe vor Ort dringend notwendig ist** (Sturz aus großer Höhe, eingeklemmte Personen, ausgeprägte Atemstörungen).

Grundsätzlich treffen die Disponenten in den zentralen Leitstellen die Entscheidung, ob luftgebundene oder bodengebundene Rettungskräfte in Marsch gesetzt werden. Bei manchen Notrufnummern wird direkt ein Notarzthelikopter angefordert.

Wie alarmiere ich richtig?

Für den Notfall gelten die sogenannten sechs Ws:

Wo ist der Unfall passiert? Geben Sie den Unfallort möglich exakt bekannt (genaue Adresse, Markierungen und markante Geländepunkte, GPS-Koordinaten). Erwähnen Sie die Erreichbarkeit und zu erwartende Gefahren durch äußere Einflüsse wie elektrische Leitungen, Tragseile und Antennen.
Was ist geschehen? Eine präzise Beschreibung des Unfallhergangs – inklusive Unfallzeit – hilft den Rettern.
Wie viele Verletzte gibt es? Unterscheiden Sie zwischen augenscheinlich Leicht- und Schwerverletzten.
Welche Art von Verletzungen? Erwähnen Sie speziell lebensbedrohende Zustände, die Sie auch als medizinischer Laie erkennen können.
Wer meldet den Unfall? Angabe zur eigenen Person inklusive Rückrufmöglichkeit.
Wetterlage am Unfallort: Beschreiben Sie nicht nur die aktuelle, sondern auch die voraussichtliche Wettersituation.

112

Quellenhinweise

Anciens Aérodromes. Le Magazine 2A, № 53, Jänner 2015.

Assessment/Ausbildung der Rettungscrew der ÖAMTC-Flugrettung. Interview mit Bernd Lang (ÖAMTC), 2022.

Costing of helicopter emergency services- a strategic simulation based on the example of a German rural region. Von Johann Röper, Markus Krohn, Steffen Fleßa und Karl-Christian Thies. Health Economic Review, Volume 10, Artivle 34 (2020).

Das Heilbronner Dachsteinunglück. Von Christhard Schrenk (Hrsg.), mit Beiträgen von Christhard Schrenk, Peter Gruber, Siegfried Schilling und Christoph Zöpfl. Stadtarchiv Heilbronn, 2004.

Das Wunder vom Dachstein/TV-Dokumentation. Von Fritz Kalteis, 2017. Eine Koproduktion von Metafilm GmbH und ServusTV.

Die Flugrettung in Österreich: Entwicklung und strukturelle Probleme. Diplomarbeit von Martin Zirwig zum Magister der Philosophie (Mag. phil.) an der Universität Wien, 2008.

Die Geschichte des Fliegerhorstes Langenlebarn von 1936 bis 2000. Dissertation von Mag. Hubert Prigl zum Doktor der Philosophie (Dr. phil.) an der Universität Wien, 1993. Teil VII: »Die Notlandung eines amerikanischen Transportflugzeuges in den Schweizer Alpen und die anschließende Suchaktion im November 1946«.

Die Notarzthubschrauber des ÖAMTC. Von Walter Prskawetz. ÖAMTC-Chronik, Teil B, Abschnitt 17, 1988.

Die Retter. Geschichte und Abenteuer der Rettung aus der Luft. Von Tony Hiebeler. Schweizer Verlagshaus, 1978.

Geschichte, Entwicklung, Ausblicke: Situation der Flugrettung in Österreich. Interview mit Cpt. Reinhard Kraxner, GF der ÖAMTC-Flugrettung, 2021.

Haslital – das Schicksalsjahr 1946. Der Flugzeugabsturz einer amerikanischen Dakota auf dem Gauligletscher im November 1946. Von Roger Cornioley; Verlag Pauli Druck, 2012.

HELI Flugrettung Südtirol; Sozialbilanz 2016.

Helirescue – Flugrettung in Österreich. https://web.helirescue.at

HEMS: What Types Of Helicopter Are Used For Helicopter Rescue In Italy? Von Cristiano Antonino, 2021.

Möglichkeiten und Grenzen der alpinen Hubschrauberrettung. Von Günther Sumann und Bruno Durrer. Aus: Alpin- und Höhenmedizin, Springer-Verlag, 2019.

Multikopter im Rettungsdienst. Machbarkeitsstudie zum Einsatzpotenzial von Multikoptern als Notarztzubringern. Ergebnisbericht 2020 der ADAC Stiftung, erstellt gemeinsam mit Volocopter/Bruchsal und den Modellregionen Ansbach-Dinkelsbühl (Bayern) und Idar-Oberstein (Rheinland-Pfalz).

Pioniere der Bergrettung: 50 Jahre Air Zermatt (1968-2018). Von Beat H. Perren, Luzius Theler und Gerold Biner. Rotten-Verlag Visp, 2018.

Rega backstage. Von Adriane Lendenmann u. a. AS Verlag Zürich, 2015.

Rettende Rotoren. Die Flugrettung in Österreich. Von Josef Platzer. Eigenverlag J. und R. Platzer, 1996.

Rettungsaktion auf dem Gauligletscher. Von Jürg Studer. Allgemeine Schweizerische Militärzeitschrift, Band 182, Heft 11, 2016.

The Future of Helicopter EMS, Joseph Santiago, Linkedin, 2017.

Ein spezieller Dank gilt:

Florian Bucher, Helicopter Air Transport Innsbruck

Cpt. Gilbert Habringer

Cpt. Reinhard Kraxner, Geschäftsführer der ÖAMTC-Flugrettung

Bernd Lang, Leiter des ÖAMTC-AirRescueCollege

Klaus Maringer, Panomax

Joachim Moser, Archiv des ÖAMTC

Guido Graichen, Helicopter Air Transport Wr. Neustadt

Ralph Schüller, Pressereferent der ÖAMTC-Flugrettung

Über den Autor

ROBERT SPERL blickt jedes Mal in den Himmel, wenn sich ein Flugrettungshelikopter hörbar ankündigt, und hofft, alles möge gut ausgehen. Der Journalist wohnt in Niederösterreich und arbeitet überall. Von 2008 bis 2021 war er Chefredakteur und Editorial Director für *The Red Bulletin* und das *Terra Mater Magazin*.

1. Auflage

Gesetzt aus der Premiera und der Vito

Medieninhaber, Verleger und Herausgeber:
Red Bull Media House GmbH
Oberst-Lepperdinger-Straße 11–15
5071 Wals bei Salzburg, Österreich

Covergestaltung: Alex Stieg/wir sind artisten
Konzept, Gestaltung und Satz: José Coll/B.A.C.K. Grafik und Multimedia GmbH
Fotoredaktion: Markus Kučera/Fotokiosk.at

BILDER: Cover: Shutterstock / sivivolk
Illustration: 144/158/212: Georg Sojer; 210: José Coll; 215: Claudia Meitert/carolineseidler.com
006 © ÖAMTC/Christian Postl; 010/011 © Sven Thomann; 012 © EXPA/APA/picturedesk.com; 017 © ÖAMTC; 018/019 © Franz Stangl; 020 © http://www.bhm.ch; 021 © Schweizerische Rettungsflugwacht SRFW; 022 © unbekannt; 023 © Schweizerische Rettungsflugwacht SRFW; 024 © Schweizerische Rettungsflugwacht SRFW; 025 © Harcourt; 026 © ADAC Luftrettung; 027 © ÖAMTC (2x); 029 © ÖAMTC; 030 © Alfred Haase/SZ-Photo/picturedesk.com; 031 © Airbus Helicopters; 032 © Air Zermatt; 033 © DRF Luftrettung/LAT; 034/035 © Georg Koder; 045 © Balazs Gardi/Red Bull Content Pool; 046/047 © ÖAMTC/Christian Postl; 057 © ÖAMTC; 058/059 © ÖAMTC/Christian Postl; 060 © Air Zermatt, Rega; 061 © DRF Luftrettung; 062 © Heli Austria/Christian Köhler; 063 © Rega, Heli Austria/Christian Köhler; 065 © Anthony Pecchi/DRF Luftrettung; 066 © Anthony Pecchi/DRF Luftrettung; 069 © ÖAMTC/Christian Postl; 071 © Bucher Leichtbau AG; 072 bis 081 © Markus Kucera Photography; 083 © ÖAMTC/Christian Postl; 085 © Ned Dawson/HeliOps; 086 © ÖAMTC/Christian Postl; 089 © Martin Huber; 091 © ADAC Luftrettung/Andreas Knoefel; 092 © ÖAMTC/Christian Postl; 094 © Martin Huber (2x); 096 bis 105 © Tero Repo; 106 © Robert Niederwolfsgruber; 106 © Tomas Kika, Robert Niederwolfsgruber, privat, Katharina Spora; 109 © privat; 114 © Robert Niederwolfsgruber; 121 © Mario Seidel ; 127 © Tomas Kika; 132/133 © Günter Flegar/imageBROKER/picturedesk.com©; 143 © Robert Sperl; 146/147 © Herbert Raffalt; 157 © Ales Benda ; 160/161 © ADAC Luftrettung; 163 © Dufour Aerospace; 165 © Airbus Helicopters; 166/167 © ÖAMTC/Christian Postl; 169 © ADAC Luftrettung; 171 © Richard Chapuis/Air-Glaciers SA; 173 © Air Zermatt ; 175 © Alpine Air Ambulance; 177 © AP3 Luftrettung; 179 © Tomas Kika/Ara Flugrettung; 181 © Costa Denis/www.aiut-alpin-dolomites.com; 183 © Robert Niederwolfsgruber; 185 © Christian D. Keller; 187 © ÖAMTC/Christian Postl; 188 © ÖAMTC/Christian Postl; 191 © Martin Steffens; 193 © Rotes Kreuz Salzburg; 195 © Savoy Jean-Marc; 197 © Denis Costa; 199 © Heli Austria/Christian Köhler; 201 © Rega; 202 © Rega; 205 © Schenk Air GmbH; 207 © SHS Schider Helicopter Service; 209 © Simon Guen/Wucher Helicopter

FSC
www.fsc.org
MIX
Papier aus verantwortungsvollen Quellen
FSC® C014138

Printed in Czech Republic by Finidr
ISBN 978-3-7112-0036-5

DIE ALPINE FLUG–RETTUNG